「アラブの春」のチュニジアで

おおらかな人と社会

Morino Shinji
守能信次……著

風媒社

チュニジア滞在中、クー猫の世話をしてくれた妻へ
また留守中、その妻をお世話いただいたみなさんへ

*カバー写真
地中海を見降ろす通り（シディ・ブサイド）
革命記念日にチュニジア国旗を持つ少女

*扉写真
ボルジュセドリア・テクノポール近くの地中海

ボルジュセドリア環境科学大学での日本語・日本文化講座

環境科学大学のキャンパス中庭で

作った折り鶴を掲げて歓声を挙げる学生たち

スース応用科学大学・学生クラブ連合主催のチュニジア文化祭

民族衣装を着た学生たちの
ファッションショー

はじめに

二〇一五年一〇月九日、ノルウェーのノーベル賞委員会はチュニジアの国民対話「カルテット」にノーベル平和賞を授与した。同「カルテット」が国民にロードマップを提示してチュニジアの政治的安定に寄与した経緯については、本書の最終章で述べたとおりである。

思い起こせば二〇一二年一月一四日、革命一周年の記念式典において当時のハマディ・ジェバリ首相はこう高らかに宣言した――「アラブの春のきっかけをつくり、自由を渇望するすべての国の人々に希望のメッセージを送ったチュニジアにとり、今日は誇りの日である」。チュニジア発のこの「希望のメッセージ」は、「アラブの春」以降、却って混迷を深めるに至った北アフリカや中東の周辺諸国にとり、ますます重要な意味を持つものとしてありつづけている。チュニジア「カルテット」へのノーベル平和賞授与は、チュニジアの民主化と社会的安定の後押しをするだけでなく、この「希望のメッセージ」の重要性を改めて確認する意味をも帯びている。ノーベル賞委員会の慧眼に敬意を表したい。

チュニジアは、北アフリカの地中海沿岸部に位置する小さな国である。
マグレブと呼ばれるそのあたりの地図を見ると、広大な面積を誇るリビアとアルジェリアがまず目に入ってくる。この二つの大きな国の間に浅くくさびを打ち込んだように、逆三角形をして小さく納まっているのがチュニジア共和国である。人口はおよそ一千万人、国の面積は一六万四千平方キロメートルというから、日本のおよそ五分の二に当たる。

小さいながらも、この国の歴史には赫々たるものがある。

古くは地中海を挟んでローマと覇を競ったカルタゴの地で、ポエニ戦争に敗れたあとはローマ帝国の属州となり、各地に植民都市がつくられて大いに繁栄を見た。当時の石造りの住居や浴場や円形闘技場、また家屋の床に敷かれたモザイク画は、この国の重要な歴史文化遺産として今日まで残っている。カルタゴ時代の住居や建物はすべてローマ人の手で破壊されてしまったが、チュニスの北にある現在のカルタゴ地区にはフェニキアの商業港がそのまま残っていて、その雄大なたたずまいを眺めていると、往時のカルタゴの繁栄ぶりがしのばれる。

アラブ民族の侵入後、チュニジアはイスラム信仰の重要な基地として栄えた。七世紀に建設がはじまった聖都ケロアンにあるグランド・モスクは、イスラム世界で第四の聖地として名高い。一〇世紀になると中部の沿岸部に小さく突き出たマハディアの半島にファーティマ朝が建てられ、これが同じ世紀の末、エジプト征服をなし遂げている。

かくして、あのカイロを建設したのは実はわれわれチュニジア人の祖先である、というのが、この国の知識人が口にする密かな誇りである。

私はこのチュニジアにおいて、独立行政法人・国際協力機構（ＪＩＣＡ）が派遣するシニア海外ボランティアとして、二〇一一年から二〇一四年までの足かけ四年間、国際文化協力活動に携わるという貴重な機会を得た。長期と短期をあわせた二つのボランティア・ミッションであり、当地の国立大学で日本文化クラブの立ち上げを支援し、あわせて学生や教職員を対象に日本語・日本文化講座を展開するというのが、私に課せられた主たる任務であった。

まだ読者の記憶に新しいことと思うが、このチュニジアで二〇一一年一月一四日、革命が勃発した。「アラブの春」という、北アフリカから中東にかけてのアラブ社会を揺るがす民主化要求運動のきっかけをつくった、あの政変である。

革命後、大小さまざまな事件があったが、二〇一四年の春、この国は三年間にわたる粘り強い議論を経て、自由選挙、表現の自由、男女の平等、それに信教の自由を保障する、アラブの国では画期的ともいえる民主憲法を手にした。そこに至るまで、とくにイスラム法の扱いをめぐって議論は紛糾し、国会での憲法審議は幾度も暗礁に乗り上げ、ときには先の見えない袋小路に追い込まれもした。しかしそれもこれも、それだけこの国の人びとが自由にものをいい徹底的に議論を尽くせるようになったことの、つまりはこの国が「アラブの春」を謳歌する社会になったことの証しにほかならない。

本書は、この「アラブの春」のチュニジアで過ごした四年間に、私が見聞きしたことのありのままの報告である。うつろいやすい政治や経済の話はなるべく避け、代りに、これまでそうあり、これからもそうあると思われる、そうしたチュニジア社会の変わらない部分に焦点を当てるよう努めた。

この変わらない部分のチュニジアを端的にいい表すキーワードは何かといえば、〝おおらかさ〟ということになろう。もちろんこの大らかさは、われわれ日本人にすれば時に苛立ちのタネともなるもので、それゆえこのキーワードを別の言葉でいいなおせば、大ざっぱ、いい加減、という風になる。

ただ私が感心するのは、それでもチュニジアの社会は回っていき、最後には何とかなってしまうことである。終りよければすべてよしで、実際、この国で暮らしていると、明日の何時と決めた約束をすっぽかされようが、列車が数時間の遅れで目的地に着こうが、別に大したことではないように思えてくるから不思議である。さらにいえば、時間通りに事が運んだところで、だからどうなんだといった気にさえなってくる。そうしてゆったりとしたチュニジア時間に身を浸しながら、苛立つことなく、早くしろと横からせっつかれもせず日々を過ごすうちに見えてきたのが、日本人や日本社会が失って久しい大切なものを持ちつづけているチュニジア人であり、チュニジアの社会であった。

この国には卑怯な振り込め詐欺も、陰惨なひき逃げ事件もない。代りに燦々と輝く太陽と、抜けるようなチュニジアン・ブルーの空がある。地中海と砂漠と古代遺跡という稀有の観光資源を備えたこの大らかな国チュニジアに、本書を読むことで少しでも関心を抱いていただけるなら、これに勝る筆者の喜びはない。

「アラブの春」のチュニジアで　おおらかな人と社会◉目次

第1章　革命、帰国、そして再赴任

革命前夜の到着

早朝にパリを飛び立ったエールフランス機が地中海をわたり終え、チュニス・カルタゴ空港に向けて機首を下げはじめた。そのアナウンスを聞きながら読みかけの新聞を脇に置いて窓外に目をやると、翼越しの前方に真っ白な建物の群れが左右に拡がり、ずっと向こうにまで伸びているのが見えた。それまで写真でしか見ることのなかった北アフリカ特有の、カーサブランカの家並である。とうとうやってきたなという思いが胸に拡がった。

時は二〇一一年一月一二日。のちに「アラブの春」と呼ばれる、北アフリカから中東のアラブ社会を揺るがす民主化要求運動の先駆けとなった、あのチュニジア革命が起きる二日前のこと、まさに革命前夜のチュニジア到着であった。

日本を発つ数日前から、「チュニジアでデモ」というニュースをテレビで見ていたが、アラブの国ではよくあることとて、とくに気にもかけなかった。しかしこの日、機内でフランスの

チュニス・カルタゴ空港。国際線の便数が革命前のレベルに復するのに、1年以上を要した

新聞『ル・モンド』を読み、事態がかなり深刻なところまで進んでいることをはじめて知った。同じ新聞には、年明けに実施された中間試験の終了を機に、チュニジアじゅうの教育機関が閉鎖されたともある。再開の時期は未定とのこと。私の赴任先である国立大学も閉鎖されているにちがいなく、これは着いて早々、失業者になってしまったなという思いが頭をかすめた。

とはいえはじめてのアフリカ大陸、はじめて足を踏み入れるイスラムの地である。二日後に革命が起きて大統領が国外に逃亡するなどとは夢にも思わず、未知の世界への期待に胸をふくらませながら、チュニス・カルタゴ空港に降り立った。

意外と簡単にパスポートチェックを終え、大小二つのスーツケースを引きずって税関から外のロビーへ出ようとすると、一行のシニア・ボランティア四人のなかで私だけが呼び止められた。検査機が反応したからと若い女性の係官がいい、小さい方のスーツケースを開けるよう指示された。パリの空港で靴まで脱がされる厳重な安全チェックを受けてきたのだから、危険物の所持が問題になることはない。何ごとかと不思議に思っていると、彼らのねらいは私が持ち込んだ十数冊の書籍にあった。女性係官が一冊一冊、本を取り出してタイトルを検《あらた》める。明らかに中身の検閲が目的であった。ほとんどが日本語や日本文化に関係した本なので、女性係官もいささか拍子抜けしたことと思うが、しばらくして彼女は『ディナミック・デュ・ジャポン』というフランス語の本を手に取り、近くにいた上司を呼んでそれを見せた。ややあって上司は私に、ほんとうに日本はダイナミックな国なのか、などと訊いてくる。それに私も少し応対してめでたく無罪放免となったが、きっとあの質問は本の中身に何も問題がなかったので、どうもすみませんでしたというエクスキューズの意味でなされたのだろう。

幸か不幸か、機内で読んだ『ル・モンド』紙は飛行機の座席に残してきた。あとで知ったことだが、革命前のベン・アリ政権下では『ル・モンド』紙は販売はおろか持ち込みも禁止された印刷物で、仮にこの新聞や、チュニジアの政治情勢を詳しく伝えるフランスの週刊誌が件のスーツケースに入っていたとしたら、あの係官らはどういう反応を示したものであろうか。いまとなってはそれが知りたかったなと、怖いもの見たさの思いも手伝い、少々残念な気持ちでいる。

カルタゴ空港にはJICAチュニジア事務所のボランティア企画調査員であるSさんが迎えにきてくれていた。挨拶をすませて若干の日本円をチュニジア・ディナールに換えたあと、案内されたのが空港ロビーにあるチュニジア・テレコムのキオスクであった。そこでこれからの生活、とくに日常の安全確認に欠かせない携帯電話を購入したのだが、利用契約書に必要事項を記入しながらふと上に眼をあげると、キオスク奥の白い壁に、二日後にサウジアラビアへ亡命することになる当時のチュニジア大統領、ジン・エル・アビディン・ベン・アリ氏の肖像写真が、小ぎれいな額縁に納まって掲げられているのが見えた。右手で心臓のあたりを押さえ、国民に向かってアラブ式に親愛の情を示すこのベン・アリ大統領の肖像画は、革命前は国じゅうの主要街路や公共施設はもちろん、個人商店の壁にもほとんど義務のようにして掲げられていたという。もっとも、私が目にしたのはこのキオスクのものが最初にして最後であり、革命後はそれこそあっという間に、そのすべてが焼かれたり破かれたりして、たちまちのうちに姿を消してしまった。

チュニジアに到着したその日、空港にほど近いカルタゴ地区にある大統領宮殿の周辺をはじめとして、チュニス市内の各所でデモ隊と警察隊との衝突があった。地方ではもっと激しい衝突があり、この日だけで合計一一の県であわせて二五人の死者をデモ参加者の間に数え、そのうち一九人は治安警察の発砲によるものであった。同じ日、チュニジア労働総同盟（UGTT）は各地でゼネストを呼びかけ、とくにチュニジア第二の都市、人口五〇万の港湾商業都市スファックスでは一〇万人の市民が路上に出て、反政府デモの列に加わった。このスファックスでの成功に力を得たUGTTは、次は一月一四日に首都チュニスを含む全土でゼネストを行うと宣言、緊張はいや増すばかりとなった。

そうしたなか、空港から私たちを運ぶＪＩＣＡの車は危険な場所をうまく避けて市内に向かったものらしく、多少の渋滞に巻き込まれ、行き交う人びとの混雑ぶりは目にしたものの、何ごともなく三〇分ほどして、当面の宿泊先であるホテル・ナシオナルに到着した。このホテルはチュニス中心部にあるメディナ（旧市街）や、チュニス市のメイン・ストリートで内務省があるハビブ・ブルギバ通りから二キロメートルほど離れた、ベルベデールという大きな都市公園のすぐそばにあった。幸いホテルの周辺にはデモ隊の標的となる政府の主要施設や警察署が一つもなく、これといった混乱は見られなかった。

デモ隊の鎮圧にあたる制服・私服の治安警察（革命の日のテレビ画面から）

　ホテルから徒歩で一五分ほど行ったところにＪＩＣＡのチュニジア事務所があり、到着した日の午後からさっそく、われわれ新任ボランティアを対象にオリエンテーションがはじまった。チュニジアでの生活一般に関する注意や現下の流動的な政治情勢の説明に加えて、繰り返しいわれたのが身辺の安全管理に関する諸注意であった。デモや集会のある場所には決して近づかないこと、外での写真撮影は警察官と悶着を起こす原因となるので極力控えること、とくに赤いチュニジア国旗が立つ政府関係の建物の周辺ではカメラも見せないこと、などと注意された。革命前のチュニジアはまさに警察国家で、一週間後にパリに避難して読んだ週刊誌『パリ・マッチ』には、人口一千万のこの国にフランスと同じ数の、一三万人の警察官がいると書かれてあった（フランスの人口はチュニジアの五倍）。その警察官が私服姿でそこいらじゅうに潜んで眼を光らせ、そのため人びとは路上で立ち話をするときも、政治絡みの話題は避けたという。そんな風に市民監視を強めなければ権力を維持できなかったのであり、そうした政治的および社会的な矛盾が昂じて、今回、一気に革命まで行ってしまったというのが実情であろう。

同じ日の午後、チュニス近郊にある警察署が数カ所にわたってデモ隊の襲撃を受け、大量の武器が奪われた。ここに至って内務省は同日の夕刻、チュニス市とその郊外を合わせた大チュニス圏に夜間外出禁止令（午後八時から翌朝五時三十分まで）を発し、これによって屋外に四人以上の人間が集まることが禁止されたほか、不審者に対しては治安部隊が発砲するとの警告も出された。宿泊先ホテルのすぐ隣に先輩のシニア海外ボランティアが居住するアパルトマンがあり、そこで情報交換をかねた夕食会を何度か持ったが、この夜間外出禁止令のことが頭にあって、つい一〇メートルほど向こうの入口まで行くのに、いつも全力で駆け足をしたものであった。

大統領の亡命

一夜明けた一月一三日も、朝からJICA事務所でオリエンテーションがはじまり、事務所近くの銀行まで出かけて個人口座の開設手続きをとるなどした。しかしその間、治安状況の悪化はそれこそあっという間に進行し、昼食をとろうと近くのレストランや食料品店をあちこち訪ねても、すでにシャッターは下ろされたあとであった。通りにあったカフェや小売店はすべて営業をやめ、サンドイッチやピーナツを売る露店もとっくに姿を消している。そこへ翌日のゼネスト決行のニュースが流れて緊迫度はいや増し、その日のJICA事務所でのオリエンテーションは午前中の日程をこなしただけで、すべて打ち切りとなった。翌日は関係省庁への表敬訪問といった予定が幾つも組まれていたが、それらについても早々に中止の決定がなされ、事態が沈静化するまでホテルで待機するよう、われわれはJICA事務所から指示を受けた。こうして新聞の買い方も分からないまま、また大勢の市民が集結しているというハビブ・ブルギバ通りがチュニスのどこにあるかも知らないまま、われわれは滞在先のホテル・ナシオナルにほぼ缶詰めの状態となった。

ホテルの部屋にいると昼夜を問わず断続的に、催涙弾や銃撃の音が聞こえてきた。パーンという乾いた銃の発射音を耳にするたび、平和ボケした私など、運動会でする徒競争のスタート場面を思い浮かべたものであった。この日は前日を上回る三九人の死者を全国で数え、またとくにこの日になってはじめて、首都チュニスにおいても死者を出し、その数は一四人に上った。

チュニスのブリギバ通りに集結した市民たち（革命の日のテレビ画面から）

この一三日の夜、ベン・アリ大統領は国民に向け、前年暮れに騒乱がはじまって以来、三度目のテレビ演説を行った。「分かった、君たちのいうことはすべて分かった」という、その後にちょっとした流行り文句ともなった言葉ではじまるこの演説において、大統領は国民にあらゆる種類の譲歩案を示した。二〇一四年の大統領選挙への不出馬、雇用確保のための特別措置策定、報道の自由と知る権利の保障、すべての政治犯の釈放、そしてデモ隊への発砲停止、などなど。要はベン・アリ政権が過去二三年間にわたってやってきたことを、そのまま裏返しにしたところの提案であった。

大統領のこのテレビ演説が終わるとチュニジアじゅうの主要都市で、クラクションを大きく鳴らして通りを走る車の隊列が目撃された。赤い国旗を打ち振りベン・アリ大統領の肖像画を掲げながら、もはや騒乱の原因は取り除かれた、大統領の譲歩により反政府行動は終結したと、歓喜した様子で告げてまわる一隊であった。国内唯一の合法政党である立憲民主連合（ＲＣＤ）が画策したこの偽装工作は、すぐさまフェイスブックでその化けの皮をはがされた。

そしていよいよ一月一四日、チュニジア労働総同盟の呼びかけにより、朝からチュニジア全土がゼネストに突入した。ハビブ・ブルギバ通りに面した内務省ビルの前には、午前中から四万人を超える市民が集結し、そのなかでとくに目立ったのが、黒の法服を身にまとった弁護士の一団であった。そうして数日前までは口にすることも憚られたあのスローガン、「ベン・アリ・デガージュ！」（ベン・アリを放り出せ！）を人びとは声高に叫んだ。後にこの「デガージュ！」は革命を記録したルポルタージュ本のタイトルとなり、また一大流行語ともなった。仮にチュニジアに流行語大賞のようなイベントがあったなら、この「デガージュ！」は問題なく、二〇一一年の最優秀賞に輝いたことであろう。

チュニスのブルギバ通りが人であふれているというニュースは、ソーシャルネットワークを通じてたちまち国じゅうに拡がり、各地で同じような光景が再現された。午後に入ると治安警察はデモ隊を解散させるべく荒療治に乗り出し、あちこちの通りや広場は催涙ガスで息もできないありさまとなった。チュニスのカスバ広場でフランス人報道カメラマンが催涙弾を頭に受けたのもこの日で、数日後に死亡している。

そうしたなか、ユネスコのチュニジア大使が辞任を表明、というニュースが駆け巡った。つい先日までベン・アリ大統領支持の言明を何度も繰り返してきた大使が、である。それは権力側の後退を示す明らかな兆候と受け取られ、さらに市民側を勇気づけた。

この時点で、チュニジアの将来にとって幸いなことが一つあった。チュニジア国軍が最後

「ベン・アリ・デガージュ」と書かれたプラカード（革命の日のテレビ画面から）

まで中立の立場を貫きとおし、警察と市民の衝突に割って入ることをしなかったのである。国民に銃を向けることはできないと言明していたアマール陸軍総司令官は、すでに一月一二日、大統領の発砲命令を拒否したことを理由に解任されていた。のちにエジプトやシリアで起きたことを考えれば、この国軍の中立維持はチュニジアにとり、極めて大きな意味をもつものであった。

同日の午後五時過ぎ、政府はチュニジア全土に非常事態宣言を発した。二日前に出された夜間外出禁止令も時間幅が拡げられ、午後五時から翌朝七時までとなった。なおも混乱がつづくなか、チュニス・カルタゴ空港からベン・アリ大統領が国外に脱出したのは、その日の夕刻のことであった。おそらく国軍の離反が決定的な要因をなしたのであろう。ここに一九八七年以来、二三年間にわたってチュニジアを強権的に支配したベン・アリ政権は崩壊を見た。事態がこれほどの急展開を見せるとは誰も予想しなかったところで、多くのチュニジア人がそう証言している。

「アラブの春」の先駆けとなったこの政変を「ジャスミン革命」と呼ぶ人たちがいる。ソーシャルネットワークでチュニジア情勢を伝える外国人のだれかが、そう名づけたのであろう。しかしチュニジア人自身はそういういい方を好まない。

というのは、ベン・アリ大統領が首相であった一九八七年一一月七日、健康状態を理由に初代大統領ハビブ・ブルギバの職務遂行不能を宣言し、いわゆる無血クーデターで権力を握ったとき、彼自身の口から「ジャスミン革命」という言葉が発せられたという記憶があるからである。加えて、今回の革命はジャスミンのような甘い香りのするものでなく、腐敗し切ったマフィア政権を打ち倒すための、汗と泥と血にまみれた苦しい闘いであったという国民の側の思いもある。ことほどさように、チュニジア新政府は後年になってこの革命の公的な呼称を、「自由と尊厳のための革命」と定めている。

このたびの政変の直接の発端は、前年の暮れにあった若者の焼身自殺であった。二〇一〇年一二月一七日、チュニジア中南部に位置するシディ・ブジッドという、これといった産業のない地方都市において、屋台を引いて野菜を売り歩く青年が無許可営業であることを理由に女性警察官から摘発を受け、大事な商売道具である秤と分銅を没収されてしまった。それなしでは商売はつづけられず、屈辱と絶望のなか青年は抗議の意思表示に、県庁舎の前で石油をかぶって自殺を敢行した。イスラム教は信徒に自殺を禁じている。それだけにこの青年の切羽詰まった自死のニュースは、チュニジアじゅうの人々に衝撃をもって受け止められた。

こうした事件発生の契機は、一九四七年に台湾で起きた「二・二八事件」を私に思い起こさせる。台湾の場合は闇タバコをバラ売りする老婆が警察に摘発され、あげくに殴る蹴るの暴行を受けた。見ていた人たちが激怒し、それをきっかけに全土に暴動が広がったものである。闇タバコを売るのは確かに脱税行為だが、それとは比較にならないほどの不正を働いている連中はどうして見過ごすのか、という不満が爆発したのである。それにつづく台湾住民の抗議行動は大陸から到着した国民党軍によって根こそぎ鎮圧され、同時に大勢の知識人が処刑されることとなった。一方、チュニジアでは国軍は最後まで介入することをせず、焼身自殺に端を発した国民の抗議行動は年を越してもつづき、最終的に政権の打倒にまでつながったのである。

一時帰国から再赴任へ

ベン・アリ大統領が国外に去った一四日が明けても混乱は治まらず、一五日から一七日の三日間で六〇人の死者を数えた。抗議デモの矛先は唯一の合法政党であったＲＣＤ（立憲民主連合）に向けられ、その解体を求めて、今度は「ＲＣＤデガージュ！」というスローガンが叫ばれた。同時に、各地で暴徒化した市民が商店やスーパーを襲って略奪や放火を繰り返し、これには事態の鎮静化を望まない前大統領派の残党も加わっていると噂された。

すでに内閣は総辞職していたが、一九九九年から首相を務めるガンヌーシ氏だけは同じ職にとどまり、新たに組閣をするといい出した。そして一七日に新閣僚のメンバーが発表されると、その主要ポストは旧政権の指導者で占められ、これが火に油を注ぐような結果を生み、デモは激しさを増すばかりとなった。

幸いにして私のホテルがあるベルベデール界隈はごく平穏で、朝の早い時間帯に周辺を歩くことができた。商店やレストランはシャッターを下ろしたままで、通りには自警団と思しき人たちが集まり、棍棒のようなものを手にして辺りを警戒していた。青物市場がある建物にも入ってみたが、なかは閑散としていて商品もまばらで、日持ちのするオレンジやえんどう豆などを除けば、生鮮野菜や魚介類は一つも見当たらなかった。大手スーパーのモノプリは食料品を買い求める市民でごったがえし、その入り口近くに戦闘服に身を固めた完全武装の兵士が十数名いて、略奪が起きないよう監視していた。スーパーのはす向かいにある国営ラジオ局の周囲にはバリケードが張り巡らされ、数台の装甲車が居並ぶそばに、自動小銃を抱えた兵士たちが立っていた。その少し向こうの、フランス大使館分館やイタリア領事館にほど近い交差点にまで足を運ぶと、砲口を低く構えたままの大型戦車が一台、角の空き地に停まっていた。上部の丸い開閉口から兵士の鉄兜が半分ほど覗いて見え、通りをじっと監視しつづけている様子がこちらからもうかがえた。

そしてどこを歩いても、警察官の姿はまったく見えなかった。

それはそうであろう。革命前、逃げ遅れたデモ参加者に殴る蹴るの暴力をふるった彼らである。そうしたシーンは動画に収められ、テレビやソーシャルネットワークを通じて連日、全国民が目にしたところである。もはやだれも彼らのいうことは聞かず、街頭パトロールも満足にこなせない状態では、ますます勢いを募らせる反ＲＣＤの市民デモをコントロールする力など、もはや警察にはなかった。統治機構が備えるべき物理的制裁装置が機能しなくなったわけで、ここにおいてチュニジアは一時、無政府状態に陥ることとなった。

こうした状況のなか、チュニスの日本大使館は邦人を対象に渡航延期と退避検討の勧告を出し、それを受けてＪＩＣＡ事務所はチュニジア隊の一時避難を決定、まずはパリに退避してチュニジア情勢の改善を待つこととなった。

革命前のチュニジアには総勢二三名のＪＩＣＡボランティアがいた。市民デモの拡大にともない各地で死傷者が出るに及んで、ＪＩＣＡ事務所はすでに私がチュニスに到着する一週間前の一月五日、全隊員にチュニスまで一時退避するよう指示を出していた。アルジェリア国境に近いガルディマウやフェリアナ、革命の発祥地であるシディ・ブジッドに近いカッセリーンやスベイトラ、それにサハラ砂漠近くのゴムラッセンやメドニンは、すべて交通の不便な奥地にある。そこで活動する隊員がチュニスに退避するに当っては危険地域を避けて迂回する必要もあり、相当の時間と労力を要した。避難に際してパスポートを下宿に取りに戻れなかったり、移動手段そのものの確保に困難をきたした隊員もいた。

そうして革命から三日を経た一月一七日、こうしたときの規定に従い、まずは若い青年海外協力隊員がパリに向かい、われわれシニア海外ボランティアはその二日後の一九日にチュニスを離れた。結局、そのままチュニジアへは戻ることができず、一月二五日、日本への帰国を余儀なくされた。

やがて「アラブの春」の熱狂はエジプトやリビアに飛び火し、そのうちシリアでは内戦の危機さえ囁かれるようになった。そうして世界のマスコミの目がすべてそちらに向いてしまうと、もはやチュニジアのことは忘れ去られたかのようであった。

革命後に再赴任したときの、ブルギバ通りの内務省前にあったバリケード

そうしたなか、チュニジアでは民主化に向けた地道な歩みが進行中であった。非常事態宣言は出されたままであったが（解除されたのは三年後の二〇一四年一月、新憲法が公布される直前であった）、革命から一カ月を経た二月一五日に夜間外出禁止令が解除され、とくにガンヌーシ首相が二月二七日に辞任したことによって、それまで打ちつづいた反政府デモが収束を見るようになった。そして四月一一日、一五五名の委員からなる「革命の目的と政治改革および民主的移行を実現するための委員会」が憲法制定議会選挙の実施に必要な手続き法を採択し、その投票日を七月一四日とした（実際は一〇月二三日に実施）。こうしたポジティブな動きを見計らって外務省はチュ

ニジアへの渡航制限を緩和し、それを受けてＪＩＣＡチュニジア・ボランティア隊の再赴任が決定した。そうして私が改めてチュニジアの地を踏んだのは、二〇一一年四月二二日のことであった。

革命後の人心荒廃が懸念されたが、着いてみるとチュニスは平穏そのものであった。市内の目抜き通りにある内務省やフランス大使館の前にはバリケードが張り巡らされ、装甲車や放水車、それに銃を抱えた兵士の姿が数多く見られたものの、道行く人びとの様子は日本の都市で見るのと何ら変わりがなかった。通りのそこここにあるカフェでは大勢の人たちがにこやかに談笑していた。チュニジア人の開けっぴろげの陽気さに加えて、真っ白に輝く太陽と抜けるようなチュニジアン・ブルーの空があった。

革命時の落書き。自由万歳、RCD（立憲民主連合）アウトと書かれている

そうして一カ月ほどチュニスで過ごすと、至るところでチュニジア人の優しさや思いやりの深さを目の当たりにし、少し前にこの国で革命騒ぎがあったとは思えないほどであった。電車やバスでお年寄りに席を譲ることなどごく当たり前、路上で困っている人がいればさっと駆け

寄って手を貸し、あとは何ごともなかったように足早に立ち去る。そうした光景を毎日のように目にしながら、よし、この国で安心してボランティア活動をやっていけるぞと確信したものであった。

その後、配属先の大学の同僚を相手に私の「革命前夜の到着」の話をすると、何人かの教員が異口同音にこういったものである。

装甲車の横で話し合う市民と兵士。革命後、至るところで見られた光景である

「そうか、あの騒ぎは誰かが後ろで糸を引いていると思ってたが、あんただったのか」

そんな軽口が口を突いて出るほどに、チュニジアはすっかり落ち着きを取り戻していた。

第2章　メミーアとアッスラール

二つの配属先、二人のカウンターパート

チュニスから南に伸びる郊外電車に乗り、終点より一つ手前のボルジュセドリア駅で降りると、野菜や果物を売る露店が並ぶ向こうに大きなカフェがあり、いつも大勢の学生でにぎわっている。そのカフェの前にあるバス停からソリマール行きのバスに乗り、一〇分ほど揺られると突然家並みが途切れ、だだっ広い空間のなかに私の配属先であるボルジュセドリア・テクノポールの広大な敷地が見えてくる。三〇年ほど前には何もなかったというこの海沿いの地域は、チュニス市に隣接するベン・アルー県のハマムリフ市に属し、行政的には首都のチュニス市とともに大チュニス圏を形づくっている。私の住居は前述した郊外線の沿線にあり、毎日、電車とバスを利用してこのテクノポールに通った。

ボルジュセドリア・テクノポールは環境系科学の研究都市《テクノポール》で、一般にはエコパークという通称でよく知られる。こうした研究都市は計画中のものも含めてチュニジアに九つあり、とくに

ボルジュセドリアのエコパークはその先行モデルとして位置づけられている。敷地は八八ヘクタールにおよび、研究開発区、企業区、大学区の三ゾーンに分かれる。研究開発区には、水資源利用、バイオテクノロジー、再生エネルギー、物質科学という四つの研究センターがあって先端的な研究を行うとともに、企業区に誘致された企業と共同で、市場に出せるサービスや商品の開発に取り組んでいる。エキスパートと呼ばれる上級職員、機器の管理保守や営繕を担当するテクニシャン、それに清掃や雑務を受け持つ一般職員があわせて二〇〇人ほど働いており、第三セクター方式で設立された公社がその運営を担っている。このテクノポールは以前から日本の政府開発援助の対象とされ、筑波大学を中心とした研究者との学術交流も盛んに行われてきた。そのため職員の間での日本への関心には高いものがある。

ボルジュセドリア・テクノポールの正門。左の守衛室に数名のガードマンが常駐

私が着任したとき、テクノポールでは運営公社の新しい管理棟が建設中で、それができるまで、ペピニエールと呼ばれる起業支援センターに仮の一室を与えられた。そしてアッスラールという渉外担当の女性が

私のカウンターパートに指名された。カウンターパートとは配属先での身近な相談相手で、われわれボランティアが活動計画を立てるに当って助言を与えたり、こちらから提言のあるときはその受け皿になってくれる人である。

研究開発区の向かいにバス道路を隔てて大学区があり、そこに設置されたボルジュセドリア環境科学技術大学が、私のメインの活動場所であった。この大学区には情報通信科学大学と科学技術大学、それに大学レストランが日本の資金援助を受けて建設中で、それらが完成した暁には、このボルジュセドリアに一大研究学園都市ができあがることになる。そのため私が滞在した二年と少しの間、大学区では常にダンプカーが行き交って工事が進行中で、晴れて風が強いときには高く砂埃が舞い上がり、雨が降ると至るところ泥濘《ぬかるみ》になったりして、歩くのにも苦労すること、しばしばであった。

二〇〇四年の創立になる環境科学技術大学には、環境保護学科や環境エネルギー学科など五つの学科があり、その大きな特徴の一つに、全学生に占める女子学生の多さを挙げることができる。私が日本語講座をはじめた二〇一一年九月当時、登録学生数は一四三二人で、そのうち女子学生は一〇五〇人と、優に全体の七割を超えていた。これは大学当局が発表した公式の数字で、私がキャンパス内を歩いて直に感じたところでは、男子学生はあまり大学に出てこず、女子学生の実質的な割合はもっと高かったように思う。そのため学内で写真を撮ると女性ばかりが写ってしまい、それを見たボランティアの日本人仲間から、あれあれ、女の人ばかり写していますねと嫌味をいわれたほどである。

チュニジアではフランスと同様、大学への入学は入学試験でなく、バカロレアの種別と成績によって決まる。例年、バカロレア試験の合格率は四〇パーセントほどで、合格者に占める女子の割合は六〇パーセントとなっている。とくに二〇一三年のバカロレア試験では、モナスティールという中部の都市にあるモデル指定校に通う女子高生が最高の成績を収めている。

キャンパスの中庭にて。環境科学大学では女子学生が圧倒的に多い

チュニジアの初代大統領であるハビブ・ブルギバが推し進めた近代化政策の基礎に、教育の無償化と女性の社会進出支援があり、こうした女子のがんばりや環境科学大学での女子学生の多さに、その結実を見るような思いがした。

環境科学大学は教育行政上、チュニジア北部の地中海に面するビゼルト市の理科学大学とともに、カルタゴ大学を構成している。それゆえ、ここでは便宜的に環境科学大学と称しているが、実際は日本の学部に相当する。ちなみにそのカルタゴ大学はかつて「カルタゴ一九八七年一一月七日大学」という、実に長ったらしい名前で呼ばれていた。間にある日付はベン・アリ氏がハビブ・ブルギバ初代大統領の跡を襲って大統領に就任した日で、革命前は国民の祝日であった。

この環境科学大学ではソーニャという生物学を教える准教授の部屋に机をもらい、またカウンターパートについては私が赴任する前から、准教授で微生物学が専門のメミーアがその任に当たることが決まっていた。こうしてテクノポールと大学とで、私は二人の女性カウンターパートに支えられることになったのだが、思いがけずもそのいずれもが、しばらくして私の手の届かぬところへ行ってしまうことになる。

ボルジュセドリア環境科学技術大学で

一月に起きた革命のせいで、私の配属先への着任は当初の計画より四カ月以上遅れ、二〇一一年の五月末になってしまった。夏の休暇ももうすぐで、とくに二〇一一年はラマダン月と夏休みが重なることもあって、テクノポールではそちらの方に職員の話題が集中するようになっていた。環境科学大学では年度の講義がすべて終了し、すでに期末の試験期間に入っていた。

テクノポールのカラフィ所長やベン・アリ次長（亡命したベン・アリ大統領と同姓の人は多い）に着任のあいさつを済ませると、カウンターパートのアッスラールはテクノポールの広い構内を案内して回ってくれた。とくに四つの研究センターではいろんな実験室を訪れ、この機械は日本の援助で購入したものだとかの説明をしながら、所員たちに私のことを紹介してくれた。

それと並行して、私はペピニエール棟の自室で、当面の宿題である日本語文法解説や日本文化紹介の仏文テキストづくりに専念した。ペピニエール棟では朝と午後の二回、ガードマンがトルコ・コーヒーかミントティーのサービスをしてくれる。そうして実にゆったりとした環境のなかで作業に勤しんだが、それを終えると当面、何もすることがなくなってしまった。そうして着任後、二週間ほどを経て、広いテクノポールのどこに何があるかのおおよそが理解できたところ、環境科学大学のメミーアにメールを送って、いつそちらに行けばよいかの問い合わせをした。すぐ返事が戻ってきて、次の週の火曜日、午前九時に研究室でお待ちしますとのことであった。

環境科学技術大学の正門玄関。日本の援助を受けているため、訪問した日本人に分かり易いよう、大学名はフランス語でなく英語で表記してある

その火曜日の朝、大学にメミーアを訪ねると、彼女は私をまず学部長室に案内し、当時の暫定学部長であったガタリ氏と引き合せてくれた。そのあと教員棟の会議室に連れて行かれると、そこでは大勢の教員がいくつかのグループに分かれて、試験結果の集計作業をしている最中であった。つまりそうしてメミーアは、全教員と顔を合わせられる日を選んでくれたのである。教務部長の職にあったメミーア自身は作業に参加せず、教員一人ひとりに私を紹介し

たあと、そう広くないキャンパスを案内してくれた。図書室へ行ったときはわざわざ司書たちに、私を他の教員と同じに扱うよういってくれた。このとき知ったのがアミーラという司書で、なぜか彼女とはよく気が合い、その後も暇を見つけては、訪ねて行って話をしたものであった。

メミーアにいわれて、私もその日から数日間、教員たちに混じって集計作業に加わった。一つの講義科目で三回の試験があり、いずれも二〇点満点で成績が評価される。最初の二つは年度の途中に実施されるプレゼンテーション評価とオーラル試験で、係数はそれぞれ一〇%と二〇%となる。最終の筆記試験の係数は七〇%で、その三つの得点を合わせたやはり二〇点満点のものが最終評価となる。履修生の氏名が入った試験結果の台帳には二種類あり、一つは担当教員が作成した手書きの原本、もう一つはそれを表計算ソフトに入力してプリントアウトとしたもので、三つの評価点と合計点が双方で一致しているかどうか、教員二人が一組になって読み合わせをするのである。集計というよりは確認作業で、上手くできるかどうか不安であったが、大きな数字を扱うわけではないのですぐに慣れてしまった。三回の試験といい、この読み合わせの確認作業といい、日本の大学と比べてずいぶん手間のかかることをするものだと驚かされた。さらに総合点を見ていくと、各試験で受講生全体の三割強しか合格しておらず、そのことはもっと私を驚かせた。最終的にどれほどの学生が卒業するのかとメミーアに尋ねると、赤点を取った学生には補講と再試験のチャンスを与えて救済するので、最終的に五〇%ほどが学士号の証書を手にするという。それでもかなり厳しい数字で、入ってしまえば終りの日本の大学とは大ちがいである。

私の環境科学大学でのミッション、つまり日本文化クラブの立ち上げと日本語・日本文化講座の開設について、夏休み前にメミーアと数回、話し合いをもった。

当面の結論として、九月の新学期に入ってから新入生も含めて学生に履修登録をさせ、その結果を見てから教室等の手配をしようということになった。あわせて次の申し合わせをし、これがそのまま、その後の二年間の私の活動の骨子をなした。

①理科系の大学なので時間割に空きがなく、日本語・日本文化講座はクラブ活動に充てられる水曜日の午後と、必要があれば土曜日の二時限目に開くこととする。

②火曜日と木曜日の午後三時からいわゆるオフィスアワーを設定し、日本文化クラブとしての活動を展開する。その際、日本文化や日本社会に関する一般学生や教職員の質問にも対応する。

それから夏休みに入るまで、私はテクノポールと大学の間を行ったり来たりしながら、レベル的には日本の大学の修士論文に相当すると思われる、卒業論文の審査会に連日出席した。同じころ大学では、チュニジアの歴史上、はじめてとなる学長選挙が進行中であった。革命前は政府による任命制であったのが、民主化の要求にこたえて公選制に変わったのである。環境科学大学が属するカルタゴ大学をはじめ、一〇ほどの国立大学で選出された学長のリストは、七月になって新聞で発表された。そうこうするうち夏休みとなり、私がはじめて経験するラマダンを終えると、すぐ九月になった。

メミーア、学部長に就任

二〇一一年の新学期は九月一二日が開講日であった。

それに先立つ九月のはじめ、朝の郊外線で事務職員のムーナと一緒になった。ムーナは大学のことをいろいろ教えてくれる、私にとっては貴重な情報源で、何か問題があったときもよく相談に乗ってくれた。いつか彼女に名前の由来を聞いたら、希望《エスポワール》という意味のアラビア語だと答えた。それで私が手帳にムーナ（Mouna）＝エスポワール（Espoir）と書くと、それを見たムーナは、

「いえ、そうじゃなくて複数のエスポワールです。私にはいろんな希望がありますから」

と笑いながらいった。

その朝の郊外線で、隣り合わせに座った彼女は、こんなことをいい出した。

「きのう、前の学部長の夢を見ちゃって……。なんで私、あの人の夢なんか見たのかしら」

「まあね、夢というのはそんなものだよ。ところでその元学部長というのは、ぼくがここに来ることになった日本語指導の計画を立てた大学側の責任者だけど、もういないんだってね」

「いますよ、ちゃんと。うちでまだ教えてるわ」

「へえー、それは知らなかった。革命のあと、辞めさせられたとばかり思ってたから」

「そうよ、辞めればよかったのよ、あの人のためにも。だって彼が好きな人なんか、大学には一人もいないんだから！」

これは初耳であった。

私をボランティアとして呼ぶ計画を立てたテクノポール側のHというエキスパート職員は、革命後に解任されていた。大学側の責任者であった前学部長も同じだと聞いていたのだが、それは学部長職についてであり、教員としての身分はそのままであったのだ。ムーナの話ではかなりワンマンで権威主義的な人だったらしく、何人もの教員が彼のせいで辞めていったという。それで思い当るのは、私が何をしに環境科学大学へきたのか、まったく知らされていない教員が大学に何人もいたことである。革命前は教授会の総意として何かを決めるのでなく、すべてが学部長の意のままに上意下達式に事が運ばれ、私に関することもそうであったのであろう。

何かと手助けをしてくれた環境科学大学事務職員のムーナ

ただそれにしても、私がボランティアとして大学に着任したことを知りながら、大元の計画立案者が何もいってこないのは奇異な感じがした。もっとも、別の章で述べるようにチュニジアは一種の分業社会であり、もはや自分と関わり合いのないことには手を出さない、という仕事の仕方に、単に従ってのことだったかもしれない。当の元学部長とは結局、最後まで面識がないままで終った。

駅からのバスを降りて大学の正門まで歩いて行く途中、ムーナはまたこんなこともいった。

「明日、新しいディレクトリス（ディレクターの女性形＝女性の学部長）が大学に出てきますよ」

そういわれて、私には意味がよく理解できなかった。というのは、夏休み前の六月末に学部長選挙があり、暫定の学部長であったガタリ氏が再選されていたからである。その選挙があった翌日、メミーアはわざわざ私を連れて学部長室まで行き、改めてガタリ氏と会わせてくれてもいた。

ムーナはさらにつづけていう。

「あなたもよく知っているあのヴェールの先生、そう、メミーアが新しいディレクトリスになったのよ」

私の頭は混乱するばかりであった。

数日後、メミーアから直接、詳しい話を聞くことができた。六月の学部長選挙で選ばれたガタリ氏の任期は八月いっぱいで、そのため別に行われた選挙でメミーアが選ばれたのだという。学部長になると忙しくなるのでもはやカウンターパートはつづけられず、私と同室のソーニャに代ってもらうとのことであった。

「私があなたの日本語クラスの、第一号の生徒になるのですからね」

いつもそういって私を励ましてくれたメミーアであったが、学部長になってからは顔を合わせる機会がめっきり少なくなった。すでにこの段階で彼女は少しだけ、私から遠いところへ行ってしまったのである。

新学期がはじまると新しいカウンターパートであるソーニャの助けを借りながら、日本文化クラブの世話人となる学生を見つけ出し、あわせて日本語・日本文化講座の開設までなんとか漕ぎつけることができた。面会時間を指定したいわゆるオフィスアワーの活用も順調に進み、学生と接触する機会が格段に増すようになった。

そうこうするうち、二〇一一年一〇月二三日、新憲法を制定するための国会議員を選ぶ制憲議会選挙が実施された。チュニジアの歴史において、また恐らくはアラブ社会において、透明性が保障されたはじめてのこの自由選挙は成功裏に終わり、難産の末に誕生した連立政権の閣僚リストが、二カ月後の一二月暮れになって発表された。

メミーア、環境大臣に就任

チュニジアの大学では年が明けると、一月の二日から中間試験がはじまる。その試験の初日、大学の部屋にいると同僚教員のイメッドが戸口から覗いて、メミーアが新内閣の環境大臣に抜擢されたぞと私にいう。

イメッドは環境科学が専門の准教授で、昼食に誘ってくれたり、また帰宅時間が一緒のときは車に乗せてくれたりして、よく私のことを気遣ってくれた教員の一人である。かつてハマムシャットという海岸町にPLOの事務所があり、議長のヤセル・アラファトを狙ってイスラエルが空爆をしたことがあった。それがここだよとイメッドが教えてくれたのも、私を乗せて帰る車のなかでであった。あるいはリビアのカダフィ大佐の死が告げられたとき、彼は私をアパートまで送りがてら菓子店《パティスリー》に立ち寄り、家族用だけでなく私の分のケーキも一つ、余分に買ってプレゼントしてくれた。そしてアルコールを口にしないイスラム教徒らしく、こういったものである。

「独裁者がいなくなったんだ。こんな日はケーキを食べて、みんなでお祝いをしないとね」

ともあれ、それまでイメッドとは何かにつけて冗談話をすることが多かったから、メミーアが大臣になったといわれても私はすぐに信じることができなかった。さっそくパソコンでバブネット（バブとはイスラムの地でよく見るアーチ型通路のこと）というチュニジアのニュースサイトを開き、そこにある閣僚リストをイメッドと一緒に確認した。暮れに新聞で見たときは気づかなかったが、たしかに環境大臣としてメミーアの名前が、フルネームで記されていた。サイトの解説欄を見ると、チュニジアはもとより、アフリカ大陸にただ一つ存在する環境科学系大学の、その長であるメミーアに白羽の矢が立ったと書かれてあった。

そうして新政府の閣僚となるに及んでメミーアは決定的に、私の手の届かないところへ行ってしまった。実際、彼女とはそれきり、会うことはなかった。

数カ月後、チュニスの国立農業研究所で水処理再利用に関する講演会があり、テクノポールのアッスラールからもらったその案内パンフレットには、環境大臣のメミーアが開会の挨拶をすると書かれてあった。再会を楽しみにして出かけたが、大臣は多忙につき欠席とのことで、別の人がメミーアの代りにアラビア語で挨拶文を読んだ。

メミーアが大学を去ってから一週間後に、後任の学部長を決める選挙があった。その数日後の朝、廊下でイメッドと会い、だれが選ばれたのかと訊いた。すると、「うん、ちょっぴり面倒なやつ《アン・ティップ・アン・プー・コンプリッケ》が選ばれた」といってニヤニヤしている。ひょっとして革命前の学部長かと訊いたら、「いやいや、あれはちょっとどころか、相当に面倒なやつだ」といい、そうこうするうち、イメッド自身が学部長に選ばれたことを知った。そのこと自体は嬉しい限りであったが、私が最も気楽に話のできる教員の一人であったイメッドが学部長になると、メミーアと同様、顔を合わせる機会が極端に減ってしまう。まさに痛し痒《かゆ》しの思いであり、また実際、そのようになってしまった。

そのとき私はイメッドにいったものである。メミーアは私に親切にしてくれたから学部長になり、さらにはああして大臣にまでなったんだ。きみも私の世話をよくしてくれたから学部長だけでなく、いつかはきっと大臣になれるかもしれないよ、と。

アッスラールの急逝

新学期がはじまってから、私のボルジュセドリアにおける日常もルーチン化してきた。火曜日から木曜日までは大学にいて、月曜日と金曜日はテクノポールのペピニエール棟で過ごす、というパターンである。

それでもテクノポールに職員食堂がある関係上、大学にいる日も昼食をとりがてら、いつもペピニエール棟に立ち寄ることをした。そうして少なくとも週に一度は運営公社の管理棟にアッスラールを訪ね、何がしかの話をするよう心がけた。たまに日本大使館やＪＩＣＡに関係する訪問団がテクノポールにきて会議をすることがあり、そのときは私も同席するようアッスラールからいわれた。日本で開かれる学会や学術会議に出張するエキスパート職員がいるときもアッスラールが私に声をかけ、東京での生活案内や観光ガイドのような話をさせられた。またあるとき、アッスラールの事務所にいると電話がかかってきた。彼女はしばらくアラビア語で話したあと、受話器を私に渡して電話に出ろという。短期出張ですでに東京にいる職員からの国際電話であった。「食事が口に合わない。パンを買うにはどこへ行けばよいか」というのでそれなりの答えをし、地下鉄の乗り方などについての説明を若干した。

実は着任して数週間後に一度カラフィ所長を訪ね、大学とテクノポールに二つ、自分の机があるのは無駄なような気がすると訴えたことがある。それに対する所長の答えは、「あなたを呼んだのはテクノポールだから、こちらにもいてもらう必要がある」というものであった。なるほど、その後も右のように、折りに触れて日本がらみの会議や情報提供をする機会があり、たしかに所長のいうことには一理あると思った。

そのテクノポールでは不定期ながら月に一度か二度、昼休みを利用して職員を対象に日本文化講座を開いた。文化講座といっても、私が日本で用意した画像をパワーポイントで映し出して説明を加えるのが主な内容で、これもアッスラールと相談してのことであった。受講者のほとんどはエキスパートの上級職員でなくテクニシャンと呼ばれる技術職員で、日本の鉄道や駅の改札口風景、都市景観、百貨店や商店街、皇居、世界文化遺産、春の花見、東海自然歩道、私が住む町の風景、あるいはゴミの分別回収の様子、などなどを彼らに見せた。いずれも興味深そうに見入ってくれたが、日本ではどこへ行ってもゴミが落ちていないことに、とくに彼らは大きな関心を持ったようであった。チュニジアではゴミの落ちていない場所を探す方が難しく、エコパークと称されるテクノポールにあっても深刻なゴミ問題を、日常的なレベルで抱えていたからであろう。

テクノポールの新設なった管理棟。右手の小窓が二つ見えるところが筆者の部屋

ところで、右の文化講座の受講者がもっぱらテクニシャンであったのには、それなりの理由がある。というのは、私が当初から職員食堂を利用したことで、幾人ものテクニシャンと親しく話を交わすようになっていたからである。彼らとはいつも肘を接して食事をとり、そのあとの一時間ほどはカフェでエスプレッソのコーヒーを飲みながら、いろんな話に花を咲かせた。ときには政治のことも話題になったが、ジャメルという年配のテクニシャンによれば、革命前は秘密警察が怖くてその種の話はできなかったという。だからいつもスポーツのことばかり話していたと、彼は笑いながらいった。つまりはテクノポールにも「アラブの春」が、つまり自由にものがいえる時代が来たのであり、そうしたテクニシャンたちがよく昼の講座に参加してくれたのである。

チュニジアは資格社会にして学歴社会であり、見方によっては一種の身分社会でもある。エキスパートの上級職員とテクニシャンとを分つ見えない一線があり、両者が仕事をはなれて親しく話をするところを、少なくとも私は見たことがない。それぞれが車を持つらしい上級職員は公共交通機関を利用せず、毎日利用する電車やバスのなかで、私は彼らを見かけたことがなかった（それは大学の教員も同じであった）。一種のプライドのようなものがそうさせるのであろうが、職員食堂の利用についても事情は同じで、カラフィ所長はもとより、ベン・アリ次長もアッスラールもそこで昼食をとることは絶えてなかった。

そうこうするうち、二〇一二年の春になって新しい管理棟が完成し、私もペピニエール棟を出てそちらへ移ることになった。それを機に、日本文化紹介のイベントをやろうとアッスラールがいい出し、そのための企画委員会を立ち上げることになった。これには日本に留学経験のある五名の若手研究者が加わってくれ（テクノポールは過去に三〇名近くの研究者を日本の大学院博士課程に留学生として送り出してきた）、三回ほど会議を重ねた。日本文化紹介のイベントについてはＪＩＣＡの若い青年協力隊員の得意とするところで、チュニジアに二〇名近くいる彼らの協力が期待できると、企画委員会のメンバーには伝えた。

しかしそのころから、なぜかアッスラールは休みがちとなった。秘書の女性から病気だと聞かされたが、時折り事務所に出て来て企画委員会の日程を決め直すなどしたので、私としては快方に向かっているものと思っていた。その後、またしばらく不在がつづき、どうしたのかと思っていたある朝、次長のベン・アリ氏が私の部屋に入ってくるなり、彼女の訃報を告げた。まったく突然の話で、返す言葉もなかった。いつも背筋をまっすぐ伸ばして机に向かい、無駄口は一切聞かない意志の強い女性、というのが、私の記憶に残るアッスラールである。享年三八歳。小学校に通う小さな女の子を二人抱える母親の、若くしてまったく無念の死であった。アッスラールを失うことはテクノポールにとっても、また私にとっても大きな損失であった。

イスラム教の葬儀

イスラム教では人の死があったとき、二四時間以内に埋葬するよう勧められる。熱い砂漠で生まれた宗教であるゆえ、遺体が傷まないようにとの配慮からかもしれない。私もアッスラールの埋葬に立ち会いたかったが、夜遅くなって帰りがたいへんだからやめておけと、ベン・アリ次長からいわれた。明日、自宅で葬儀があるから、それに行った方がよいとも。

イスラムの葬儀で遺体を車で墓地まで運ぶとき、その後ろを会葬者は長い列をつくって歩く。この葬列のことをコルテージュと呼び、何日の何時にそれが自宅を出るという案内が、新聞の死亡公告欄に出ることもある。コルテージュは車道を行くので、当然のことながら後ろに大渋滞が生じる。少しの渋滞があっても車のクラクションをうるさく鳴らすのがチュニジア人の常であるが、その原因がコルテージュだと知るとどの車もおとなしく後ろにつき従い、会葬者の列が横に折れて墓地に入るのを辛抱強く待つ。渋滞はコルテージュが行く右車線だけでなく、反対側にも起きる。というのは、コルテージュと行き合せた対向車はその場で停止し、哀悼の意を表すべく運転手一同は車から降りて、遺体を納める車が通り過ぎるのを静かに見送るからである。そのようにして通りがかりの見知らぬ人たちからも死者は敬意を表されるなか、墓地へと運ばれていく、そこに異教徒の私が加わって足手まといにでもなれば却って失礼だと思い、アッスラールの埋葬に立ち会うのは諦めることにした。

そして翌日の午後、テクノポールのカラフィ所長以下一行六名が、二台の車でアッスラールの自宅を訪ねた。ソリマンという、テクノポールから五キロほど離れた小さな町に彼女の自宅はあった。

車から降りて辺りに目をやると、自宅前の通りや向こうの広場に弔問を終えた人たちであろう、かれこれ三〇人ほどがそここに集まって話をしていた。それぞれに日陰を選んで、白い椅子に腰かけているグループもあれば、立ったまま話を交わす人たちもいた。

アッスラールの父親と挨拶を済ませた所長についていくと、道路に面して戸口が大きく開いた一室に招じ入れられた。ふだんは車を入れているガレージなのであろう、白く塗られた内部の壁に扉のようなものは一つもなかった。カフェで見るような白いプラスチック製の椅子が壁沿いに内向きにして三〇脚ほど並べられ、すでに二〇人ほどの弔問客がそこに腰を下ろしていた。カラフィ所長以外、だれもネクタイはしていない。ふだんはいつもネクタイ姿で仕事をするはずのベン・アリ氏も、なぜかそのときは外していた。イスラム風の白や灰色の長衣をまとった人も数人いたが、ほとんどは普段着のままで、多くは素足にサンダル履きであった。

墓地に向かう葬列と、その後ろにできた車の大渋滞

親戚の男性であろう、コーヒーカップを盆に載せて運んできて、みなに振る舞っている。遠慮するなとベン・アリ氏が目で合図するので、私も一杯いただいた。なかに粉が沈んでいるトルコ・コーヒーであった。こうしたサービス

をするのはすべて男性で、気づいてみれば外の通りで一人の女性も見かけなかったし、それはその部屋でも同じであった。あとで家のなかをチラと覗くとヴェールをつけた女性が数人見え、料理をつくっている様子がうかがえた。隣家や知人宅から手伝いに駆けつけた女性たちで、悲嘆に暮れて何も手につかない遺族に代って、家事のすべてをこなすのだという。昔からの習慣だそうで、女性はまた女性だけで別の日に時間を設け、故人を偲ぶ集まりをもつという。

ともあれ弔問客は椅子が置かれたその白い部屋にいて、とくに何をするわけでも、何かの言葉を発するわけでもない。ただ座っているだけである。そうしてめいめいが静かに故人の冥福を神に祈っているのであろう。あるいは胸のなかでコーランの一節を唱えているのかもしれない。

と同時に、人びとはいつまでもそこにそうしているわけでない。着席して一〇分か二〇分ほどすると静かに立ちあがり、その場の人たちにハグやら握手やらの挨拶を交わしたあと、それぞれに立ち去っていく。するとまた別の人たちがやってきて空いた椅子に腰かける、という風にして、静かに葬儀の時間は流れていく。

故人の遺影や花や祭壇があるわけでも、お経が読まれるわけでもない。儀式めいたことは一つもなく、みなが一斉に何かをするのでもない。簡素ながら、それは実に心の籠った葬儀であった。すでにマニュアル化し産業化し、金額で格式のランクをつける日本の葬式を見慣れ過ぎた私には、あらゆることが新鮮なものに映った。私にすれば、まさに理想ともいえる葬儀であった。

イスラムの葬儀で欠かせないのは、縫い目のない白い布だけである。遺体はそれにくるまれ、聖地メッカの方向を向くようにして土に埋められる。この白い布はメッカ巡礼の折りにも身にまとうもので、それはまた富者と貧者の別なく、死に臨んだときの衣装ともなる。

横に座っているベン・アリ氏としばし言葉を交わしたが、やはりアッスラールの若すぎる死にショックを受けている様子であった。癌の治療を受けていることは二年前から知っていたが、こんなに急変するとは思わなかったという。アッスラールの病気が癌であったと聞いて、若い人ほど進行が早いからねと私がいうと、ほんとにそうだねと返しながら、ベン・アリ氏はこう結論づけた。

「でも、それもこれもみな神の思し召し《ボロンテ・ド・デュー》だよ」

神の思し召しであるからして、ムスリムは人の死に臨んであからさまに泣いたり悲しんだりしないと、日本にいるとき本で読んだことがある。とはいうものの、娘に先立たれたアッスラールの父親は相当に参っている様子で、弔問客の肩に顔をうずめて、いまにも泣き出しそうな風であった。日本人と変わらない、世の父親の姿がそこにあった。

三〇分ほどして、そろそろ失礼しようかというカラフィ氏の言葉を合図に、テクノポールの一行六名が立ち上がった。私が先頭になって通りに出ると、親戚らしい人がこちらにこいと合図をする。そして私の手を取り、玄関横の細長い庭に入るよう促した。そこには白い布をかけたテーブルがあり、テクノポールの一行が腰を下ろすと、クスクスの鉢とメロンの皿がそれぞれ二つずつ、やはり男性の手で運ばれてきた。所長以下、だれもとくに遠慮をする風はなく、ごく自然に鉢に入ったクスクスをスプーンでつつき出した。六人いたがコップは二つあるだけで、チュニジアでのごく普通の習慣にしたがい、同じコップで水を回し飲みした。

テクノポールの職員食堂でもクスクスは週に一度か二度、メニューとして出されたが、どちらかといえば大味で、それまでとくに美味しいと感じたことはなかった。まあ、そんなものかと思っていたのだが、この日、アッスラール宅で出されたクスクスは粒が細かくて、口の中に入れると羊肉とスパイスの、何ともいえない、いい味がしみ出してきた。各家庭でつくるクスクスの味はまた別なようで、これがチュニジア人にとっての、おふくろの味なのかもしれないなと思った。それ以後、クスクスを前にするたび、ちらとアッスラールのことを思い浮かべるようになった。

テーブルを立つと出口のところに、細長くカーブした注ぎ口のある、アラビア風の壺を手にして親戚の男性が待っていた。そして私たちの右の手に水を、とくに外国人である私には多めに注いでくれた。

ジャスミンのよい香りがする水であった。

第3章　バイリンガルの国

チュニジアの言語事情

公用語はアラビア語、フランス語も広く通じる――というのが、チュニジアを紹介した旅行案内書などにある、この国で行われる言語についての説明である。まったくその通りで、チュニジアの公用語がアラビア語であることは憲法に明記されている。この公用語に関して、私は「こんにちは《アッスレーマ》」とか「元気ですか《ラベース》」とかのごく簡単な言葉しかいえなかったが、それでも何不自由なく配属先で仕事をし、また日常の生活を送ることができた。アラビア語以外に、広くフランス語が通用したからである。

私のような年齢に達した日本語話者には、咽頭の奥深くで発せられるアラビア語独特の有気音を発することは難しく、目の前で何度聞かされても、それをまねることはできなかった。どういう具合に喉の筋肉を使えばそういう音が出せるのかがまるで分からず、それはもう解剖学的なレベルにおける不可能事であって、いくら努力を重ねてもできるものでなかった。

バルセロナ広場のチュニス駅。駅名はアラビア語とフランス語で表記

書き言葉として最初に覚えたアラビア文字がコカコーラで、これはどこのサンドイッチ店でも目にすることができた。それによってアルファベットのSに似たのがKで、その文字先を左下に伸ばせば「コ」、左上に長く跳ねると「カ」となることを知り、それによって神さまのアッラーという字も何とか読むことができた。といって、それはただそれだけの話であり、どこに単語の区切りがあるかも容易に掴めないアラビア語は私にとり、まるで取りつく島のない言葉としてありつづけた。そのこともあって、フランス語がふつうに通じるこの国にいてアラビア語を覚えなければという切迫感は、ついぞ私に生まれてこなかった。つまりは言語習得に不可欠なモチベーションを欠いたわけで、当然のことながら、いつまでたってもアラビア語は上手くならなかった。そうしたことをある日、環境科学大学のソーニャに話すと、「そうですか、じゃあ明日からシンジにはアラビア語だけで話をするよう、みんなにいっておきますから」と嬉しそうな顔をしていう。いや、それだけはやめてほしいと懇願したものであった。ともあれ、チュニジアにいてフランス語だけで

すべてをやっていけたのは、世界で活動するＪＩＣＡボランティアの多くが直面する言葉の問題を知らずに過ごせたということで、これは精神衛生の面からしても、まさに幸運の一語に尽きた。

というわけで、チュニジアはアラビア語とフランス語の、バイリンガルの国としてある。もちろん日本にもバイリンガルの人は数多くいようが、それはあくまでも個のレベルでの話である。チュニジアのケースはそれとは質的に異なり、国民のほとんどが二つの言葉を話す。つまりは社会的なレベルにおけるバイリンガルの国、それがチュニジアなのである。

と同時に、チュニジアはアラビア語に関してもバイリンガルの国であることをいっておかなければならない。まずはそちらの方から話を進めよう。

ダイグロシアの社会

チュニジアで話されるアラビア語はほとんどチュニジア語と呼んでよいほど、独自性の高い言葉だという。敢えてそれをチュニジア語といわないのは、アラブ社会に帰属するというアイデンティティを大切にしたいと願う、彼らの強い思いがあってのことであろう。

それゆえマグレブ地方の一方言を母語とするチュニジアの子どもは、小学校に入るとまずフスハーというアラビア語の共通語を学ぶ。フスハーはエジプトなどで話される言葉で、その性格についてエゼディンヌという大学の同僚は私に、Arabe authentique（正規のアラビア語）

というフランス語を用いて説明してくれた。チュニジア人がふだんの会話で用いるチュニジア語に対し、このフスハーは一段階、上位に位置づけられる言葉としてある。それは政府の公文書や新聞や書物、学校の教科書や論文などで用いられる正規の書き言葉であり、また公の場における正規の話し言葉でもある。たとえばアラブ世界のCNNといわれるカタールのアルジャジーラはもとより、チュニジアのテレビやラジオも基本的に、このフスハーで放送を行っている。それゆえチュニジア人は母語に加えてこのフスハーを習得しなければ、社会生活や職業生活を満足にやっていくことができない。上位と下位に位置づけられる同種の二言語を使い分ける言語環境を捉えて、チャールズ・A・ファーガソンという社会言語学者はダイグロシアと名づけた。つまりチュニジアは、このダイグロシアの典型的な事例を提供する国としてあるわけである。

市街ではアラビア語の広告が一般的。文字は右から左へ、数字は左から右へ読む

これは余談になるが、イスラム教の聖書であるコーランのことを近年、日本の宗教学者だけでなく中東問題が専門の政治学者までもが、クルアーンと称するようになっている。これもフスハー式の発音なのであろう。ただ、そうしてクルアーンといい換えたところで、われわれに

コーランの何たるかがよく分かるわけでもないし、またそれに倣《なら》って「右手にクルアーン、左手に剣」などといってしまうと、あのいかにも恐ろしげな決まり文句に迫力というものがなくなってしまい、いささか残念な気もする。ちなみにコーランをどう呼ぶかとチュニジアの学生に尋ねると、コルエンもしくはコルエーンという答えが返ってきた。

右で触れたダイグロシアに話を戻すと、それに関する好例を新聞で見つけたことがある。革命があった二〇一一年の秋に制憲議会選挙が予定されたが、それを前にしてある政党がチュニス郊外のハマムリフで集会を開くことになった。それを伝えるニュースが新聞に載り、そこに次のような但し書きがあったのである。

この会議ではチュニジア方言のデルジャでなく、書き言葉（arabe littélaire）を使用します。

エジプトをはじめとして、チュニジア方言を理解しないほかのアラブの国の人たちもこの集会に参加するため、そこでは書き言葉である共通語を使うというわけである。この書き言葉に、さらにコーランの言葉である文語体のアラビア語が加わるとトリリンガルとなり、少なくともこの三つのアラビア語を使い分けて日常生活を送っているのが、平均的なチュニジア人だということになる。

大統領宮殿で、当時のマルズーキ暫定大統領に表敬の挨拶をする筆者（右）

このチュニジア語と正規アラビア語の使い分けについては間接的ながら、私自身もある貴重な体験をしたことがある。

二〇一三年五月、われわれＪＩＣＡボランティアのチュニジア隊は、カルタゴにある大統領宮殿に招待されるという栄誉に浴した。そのとき、日常の活動をすべてアラビア語でこなしている青年海外協力隊の女性隊員・Ｎさんがアラビア語で、そしてシニアの私はフランス語で、それぞれボランティアを代表して当時のモンセフ・マルズーキ大統領の前で表敬の挨拶をすることとなった。Ｎさんはそのための原稿を自分で書き、それを事前に見せてもらった私は一字も理解できなかったが、たった一年のチュニジア滞在でこれだけのアラビア語が書けるものかと、目を丸くしたものであった。そのあとＮさんはＪＩＣＡ事務所のチュニジア人スタッフであるＪさんに原稿の添削を依頼したところ、ほとんど原形をとどめないぐらいに書き直されたものが戻ってきた。Ｎさんが苦労して書いた原稿はチュニジア式の発音や、チュニジア固有の言葉ばかりでなるものだったからである。フスハーに直されたその文章を前にして、また一から覚え直さなければならないと、Ｎさんの嘆くことしきりであった。もちろんチュニジアの大統領もチュニジア人だけの集まりで、それもくだけた話題を扱うときはチュニジア語で話すという。しかし表敬訪問といった外交儀礼的な意味あいを持つ公式の行事では、やはり正規の言葉を用いることが必要となるのである。

こうしてチュニジア人はエジプト人の話す言葉を理解するが、その逆は成立しない。それはチュニジア人にとり、決して不利なことではないと私は思う。そのことでチュニジア人のアラブ世界における活動の場は広がるであろうし、またチュニジア人一般にうかがえる外国語習得能力の高さも、彼らの置かれたそうした言語環境と大きなかかわりがあるような気がしてならない。

チュニジア人とフランス語

周知の通り、チュニジアはアルジェリアやモロッコと同様、フランス語圏に属する国である。そのため私は赴任する前、この国にはフランス語だけを用いて生活を営む社会階層、もしくはチュニジア人コミュニティがあるものと考えていた。たとえば高学歴の知識人や高級住宅街に住む人たちは、自宅でも職場でもフランス語だけで日常の生活を送っているのではないか、という風に。思いちがいもいいところで、チュニジア人どうしがわざわざフランス語を使って日常の会話をするといった場面に、私は一度も出くわしたことがない。カフェでも電車のなかでも、また大学の事務室でも中庭においても、彼らどうしが話をするとき、聞こえてくるのはアラビア語だけであった。

つまりチュニジア人はチュニジアにいて、アラビア語だけで生活も仕事もすることができる。日本語ですべて事足りるわれわれ日本人と同じで、それはごく自然なことである。ただ、そうであるにもかかわらず、なおその上にチュニジアでは広くフランス語が通じるのである。考えてみれば、これはまさに驚きというほかない。

チュニジアは一八八一年にフランスの保護領となり、およそ八〇年後の一九五七年に独立を果たした。そのためフランスがもたらした影響は今日でも各方面に色濃く残り、チュニジア人自身、チュニジアはフランス的文化をあわせ持つ国ですよと、ちょっぴり誇らしげに自らのアイデンティティを私たち外国人に紹介する。そのフランスが及ぼした影響のなかでも最たるものが、フランス語による高等教育であると私は思う。というのも、フランス語ができるかできないかで就ける職業が決まってくるし、個々のフランス語能力と社会経済的地位との間には、純然たる正の相関関係がうかがえるからである。

チュニジア人は小学校の二年生、およそ九歳ごろからフランス語を習いはじめる。アパートを管理する不動産屋の若い従業員から聞いた話では、彼らは幼いころからフランス語を耳にし、またフランス語の看板類を目にしてきたせいで、学校でフランス語を習いはじめるのにとくに抵抗感はなかったという。台湾の人たちが小学校で北京語を習うのと同じで、ともかくもそれによって彼らが一つの外国語をマスターしてしまうというのは、日本における外国語教育の実情を考えるとき、一驚に値する。

やはり同僚教員のエゼディンヌによれば、チュニジアの学校でフランス語は必修科目であることから、九五％のチュニジア人がそれを話すという。ということは少数ながら、フランス語を話せない人たちもいるわけで、たとえば私がいた二つの大学では守衛のガードマンや掃除のおばさんなど、現業部門の仕事をする人の多くはフランス語を話さなかった。街なかに出ると、サンドイッチ店や八百屋の経営者は別として、そこで働く若い店員のほとんどはフランス語ができなかった。そうした店では身振り手振りで用が足せたので何も不都合はなかったが、フランス語ができないと職業選択の幅が極端に狭められてしまうのだなと、彼らを見るたびに思ったものであった。

大学での公用語

ふだんの会話はもちろん、国会の審議もすべてアラビア語でなされるチュニジアであるが、最初から最後まで徹頭徹尾、フランス語だけで物事が進行する空間がある。それが大学の講義室である。

大学では講義や演習はもちろん、試験もフランス語で行われ、それに学生はフランス語で答えなければならない。あるいはフランスの大学とまったく同じ形式でなされるものに、卒業論文の審査会がある。学生がする卒論の内容説明や、三名の審査教授との間で交わされる長時

日本文化クラブの学生が作成した日本語・日本文化講座の案内ポスター

間の質疑応答を聞いていると、そこがチュニジアであるのかフランスであるのか、もう私には分からなくなってしまう。卒論審査会でアラビア語が用いられることは一切なく、学生がスクリーンに映し出すパワーポイントの説明資料にも、アラビア語の文字が現れることはない。これを要するに、チュニジアではフランス語ができなければ高等教育が受けられないことになる。それだけに、小学校から高等学校までのフランス語教育が持つ重要性は計りしれず、フランス語担当の教師に課せられた責任はすこぶる重いものとなる。

大学の教員がふつうにフランス語を話すのは当然のことだが、事務職員もそれぞれに上手下手のちがいはあるものの、フランス語を書き、また話す。学内の掲示版にはアラビア語で書かれた文書も見られるが、少なくとも教務事務に関係する告知や案内、たとえば開講科目と教室の指定、休講や補講の予定、試験の日程、試験結果と合格者リスト、不合格者リストと再試験の案内などなどは、すべてフランス語で書かれる。そのため大学にあっては、むしろフランス語が公用語であるように私には思えたほどであった。

前述したように、チュニジア人どうしが日常、フランス語を用いて会話をすることはない。しかしフランス語の単語そのものはアラビア語の会話に頻繁に登場する。たとえば電話をかけるときは必ずフランス式に「アロー」と呼びかける。これはもう歴とした決まり文句で、フランス語ができる人もできない人も必ず「アロー」ではじめ、たいていは「サ・ヴァ（元気）？」とつづけたりする。保護領時代、電話の使用をフランス人がはじめ、そのときの呼び掛けの習慣が真似られていまに至っているのであろう。この「アロー」につづく会話はアラビア語なので私にはまったく理解できないが、それでも電車のなかなどでチュニジア人がする会話を横で聞いていると、「プルミエール・エタージュ（一階）」とか「レパラシオン（修理）」とかいうフランス語がアラビア語に混ざって聞こえてきて、何の話をしているかの、おおよそのところは理解できた。さらに面白いことに、チュニジア人が物を数えるときはアラビア語でなく、アン・ドゥ・トロワのフランス語を用いることの方が多い。なぜアラビア語で数えないのかと尋ねても、さあ、どうしてだかね、といった答えしか返ってこず、こと数字に関する限り、彼らはとくに意識する

卒業論文審査会で教授の質問に答える学生。二人で研究を進めるケースが多い

ことなくフランス語を用いているようであった。

これが大学の教員どうしで交わされる会話となると、ますます多くのフランス語が用いられることになる。とくに「研修」や「試験結果の発表」といった専門の術語は適当なアラビア語がないらしく、それぞれスタージュ、デリベラシオンというフランス語が用いられ、このときも横で聞いていて話のテーマだけは私にも理解できた。それは日本人が用いるカタカナ外来語とよく似ているようで、実はまったく非なるものである。というのは、カタカナ外来語は外国の言葉を無理やり五十音に音節化したもの、つまり子音＋母音のセットに変換したもので、それを欧米人が聞いても容易に理解できず、もはや立派な日本語だと考えてよい。しかしチュニジア人の場合、フランス語をまったくそのままの発音とリズムで用いて、違和感なくアラビア語の会話のなかに納めることができるのである。

環境科学大学で部屋を同じくしたソーニャ准教授の場合、もっとすごかった。たとえば卒論指導で学生が部屋を訪れるなどしたとき、アラビア語にフランス語の単語がときどき混じるといったレベルでなく、その二つの言葉がフレーズ単位でどんどん、交互に入れ替わるのが常であった。いまアラビア語で話していたかと思うと急にフランス語になり、そのうちまたアラビア語で、そしてまたフランス語でつづけられるといった具合で、両語のフレーズの間に切れ目はまったく感じられず、また彼らがとくに意識してその使い分けをしているようにも見えなかった。そもそも卒論はフランス語で書かれるので、その内容に関わる議論をしていると、言葉の方から勝手に切り替わっていくようであった。そうして侃々諤々の指導を終えたソーニャは前にいる私の方に向き直り、笑いながらこういうのであった。

「何の話をしていたか分かったでしょう。それにしても論文指導は疲れます。あなたにも経験があるでしょう」

スースの応用科学大学でも同じような光景によく出くわした。システム工学の教授の部屋に招かれてお茶を飲んでいたとき、二人の教員が図面を持ってやってきて、私には分からない専門の話をやり出した。最初はアラビア語が主であったが、そこへ博士号を取得したばかりという若い大学院生が新たに加わり、こちらはもっぱらフランス語でしか話をしなかった。そうして一方がアラビア語で何かをいうと他方がフランス語で応じる、あるいはその逆となって、会話がどんどん進んでいく。彼らはずっとフランス語で専門教育を受けてきており、そのフランス語能力は私などよりははるかに上を行く。読む方ではなんとか太刀打ちできても、話す力、レトリックを駆使した作文技術

フランス語で書かれた教務案内を見る学生。日本の大学と違い、講義の時間割表やシラバス集を配布するといったサービスはない

となると、ほとんど勝負にならない。彼らからもらう季節ごとの挨拶メールにある洒落たフランス語の文章を読むたび、いつもそう思わせられたものである。

一期一会の人たちと

大学の教員とはちがい、一般のチュニジア人がフランス語を使う機会はほとんどないように思われる。私が住んだアパートの近くの、小さな八百屋や雑貨店を利用する客は地域の人たちばかりで、そうしたところの店主は学校を出て以来、おそらく一度もフランス語を使わずに過ごしてきたかも知れない。それでもアラビア語のできない私に、そんなに流暢ではないが、とにかくフランス語で応対してくれたのである。あるいは環境科学大学のムーナやワジュディにしても、私がいたからフランス語を使わざるを得なかったわけで、それまでは仕事も生活も、すべてアラビア語だけでやってきたにちがいない。そう考えると、彼らの受けたフランス語教育の確かさというのが、よく理解できる。

こうしてチュニジア人がバイリンガルであってくれたお陰で、私は町なかでも電車のなかでも、いろんな人と言葉を交わすことができた。そうした大勢の人たちの顔を、いまでも懐かしく思い描くことができる。

たとえばチュニスの北に、どことなく北フランスの有名な観光地オンフルールによく似た旧港を持つ港湾都市、ビゼルトがある。そこの一泊一三ディナール（約八〇〇〇円）という超格安ホテルに泊まり、アフリカ大陸最北端の岬として知られるキャップ・ブランまで行ったときのことである。昼食用に買ったパンを携えて歩き出すと、目的地は峠を一つ越えた向こうにあり、そこまではいろは坂のような上りがずっとつづいた。歩く人など一人もおらず、なるほど、ホテルの主人がタクシーで行けと勧めたくれたわけがよく分かった。軍の施設やら刑務所らしき建物やらを通り過ぎて、やっと峠を登り終えて道が平坦になったところで、道路脇の草地にいた羊飼いの小父さんから声をかけられた。

キャップ・ブランへ行く途中で出会った羊飼いの小父さん

どこからきたのかというのでビゼルトのカスバからと答えると、それはたいへんだ、少し休んでいけという。草地には二〇頭あまりの羊が草を食んでいて、聞けばほかに牛を一〇頭ほど飼っているという。休みの取れない辛い仕事ですねというと、そうだよ、こんな風になるんだと頷いて、私の倍ほどもあるごつごつした手を差し出した。掌の厚い皮膚がひび割れを起こし、縦横に長く深く切れているのが見えた。ちょうど北朝鮮総書記の死がニュースになっていたときのことで、それに関連した話を少ししたあと、左の大腿骨が痛むのだがどうすればよいかと小父さんは私に訊く。それにつづけて、ロシアでは凍った冷たい河に飛び込むショック療法をやっているらしいがあれはほんとうに効くのか、ヴィックスという中国製の湿布薬を持っているがそれについて何か知らないか、などとも訊いてきた。ヴィックスといえばあの喉に塗る薬かと思ったが、とてもそんな、小父さんをがっかりさせるようなことは口にできなかった。

小父さんは話のなかでも別れ際でも、「神さまのお陰で《デュー・メルシー》」という言葉を何度も口にした。今日の天気が晴れたこと、こうして会えて話ができたこと、そしてまた会えるかもしれないこと……そうしたことすべてに、デュー・メルシーを繰り返した。それまでも羊飼いの人に話しかけたことがあったが言葉が通じず、それだけにこの小父さんがフランス語を話すことは驚きであった。フランス語能力と職業の関係について私の考えていたことが、この小父さんによって少し崩されたような気がした。

別の日、チュニスのサンドイッチ店で食事を終えた二人のご婦人がわざわざ私のテーブルまでやってきて、知ってますか、あなたのそのサンドイッチはチュニジア独特のもので、それを外国人のあなたが食べるのを見るというのは嬉しい限りです、とニコニコ顔でいう。そのまましばらく話をしたが、この二人の女性にしても、ふだんの生活でフランス語を使うことはまずないと思う。それでもこうして話ができるのだから、やはりすごいことだと感心してしまう。

そしてまた別の日、私はボランティア仲間のSさんを訪ねて、コルバという南のボン岬にある町まで出かけることになった。まずは国鉄でナブール駅まで行ってSさんと合流し、そこからルアージュ（客を八人乗せるバン型タクシー）で町まで行く手はずになっていた。ところがチュニス駅で乗る列車を間違え、南へ行くはずが西の方へ行ってしまった。南行きの列車は私が毎日利用する郊外線と同じ線路を走る。ところが車窓から見える景色にまったく見覚えがなく、すぐ間違い列車だと気がついた。切符をよく見るとナブールでなく、ガフール行きとなっている。それを見せて駅員に発車ホームを訊いたのがいけなかったらしい。

その列車でたまたま横の座席にいたのが若い警察官で、休暇を利用して実家に帰るところであった。彼はパソコンでＤＶＤの映画を見ていたが、失礼を承知で声をかけ、これこれこういうわけでナブールへ行きたいのだがどうすればよいかと事情を話した。すると、次の駅までは一時間ほどかかること、その駅で降りるとすぐ左手にルアージュ・ステーションがあること、そこでナブール行きのルアージュがあるかも知れないし、なければチュニスに戻ればよいことなどなどを、たどたどしいフランス語ながら丁寧に教えてくれた。それで私も何とか安心し、その後はあれこれ話をして、次の駅まで時間を忘れて過ごすことができた。彼が警察官だというのもそのとき教えてくれたことで、わざわざ財布から警官の身分証を取り出して見せてくれた。それからは何かの話で意気投合するたび、チュニジア式に大げさな握手をしながら、大声で笑いあった。駅に着いて列車を降りるとき、郊外線の切符でつくった小さな折り鶴を手帳から取り出し、これはポルト・ボヌール（幸運のお守り）だからといいながら、身分証が入った彼の財布に押し込んだ。

駅からナブール行きの直通ルアージュはなかったが、ザグアンという町で乗り換えて無事、Sさんと合流することができた。あのとき横にあの若い警察官がいなければどうなっていたか、また彼がバイリンガルでなければどうしていたであろうかと、いまでもそんなことをふと思ったりする。

第4章　レンガブロックで造られた国

便利な汎用建材

チュニジアに木造の建築物はない。少なくとも私は見たことがない。

この国にはレンガブロックという、堅牢にして実用的な統一規格の汎用建材がある。それを一つひとつ積み上げげてセメントで固め、それこそどんな建物でも造ってしまう。個人の住宅はいうに及ばず、商店やマンションやホテル、それに大学や官庁といった大きなビルからお祈りをするモスクまで、とにかく何でもかでもレンガブロックで造ってしまう。建物だけではない。それを取り巻く高い塀や垣、電車の線路に沿って延々と設えられた遮蔽壁、あるいは交差点のサークルに置かれたモニュメントなど、すべてがレンガブロックで造られる。壊れた道路の路肩部分からも赤っぽい色が覗けて見え、やはり同じ材料で造られていることが分かる。

こうして、チュニジアという国はレンガブロックで造られている、といっても、決して過言ではない。

ずらりと並んだレンガブロック。すべての建物の壁と床がこれで出来上がる

素焼きの常滑焼きのような色をしたレンガブロックは、なかが格子状の中空になっていて軽く、また固定剤のセメントとよく馴染むようである。作業中の現場へ行って造りかけの家を見ると、できたばかりの壁はひどく歪んだり波打ったり、また隙間だらけであったりする。ところどころ、赤茶けた色のレンガブロックの割れた部分にセメントが埋め込まれ、灰色のそれがシミのようにも見えて、お世辞にもきれいだとはいえない。ところがその上から左官職人が丁寧にセメントを塗り込んでいくと、たちまちまっ平らのきれいな壁に仕上がり、なかがレンガブロックでできているとは想像もつかなくなる。さらにそこに白い塗料を施すと、みるみる美しいカーサブランカへと変身するのである。

幸いチュニジアにはほとんど地震がない。わずかに年に一度か二度、震度二ほどの地震があり、それが新聞のニュースになる。それですべてのようで、中部沿岸のモナスティールという都市の近辺を震源とするその稀な地震も活断層によるものでなく、近年はじめられたシェールガスの採掘がその原因であるというのが、市民の間でのもっぱらの噂である。地震がないから建物の構造もいたって単純で、要はレンガブロックを用いた積み木細工と同じである。建造中のどんなに大きな建物を見ても、柱は他の部分と釣り合いが取れないぐらいに細く、建物の重量は主にレンガブロックの壁が支えている。鉄筋が入るのはその細い柱だけで、壁はただブロックを積み上げ、セメントで固めてあるだけである。小さな横揺れでもあればすぐに壊れてしまいそうで、そう思うと地震国に住む私など、ちょっとした恐怖心に襲われる。

建築中の建物。柱が異常に細く、建物の重量はレンガブロックの壁で支える

大きなビルになると入り口などに装飾用のアーチが設けられるが、それもこのレンガブロックを用いて見事にこしらえてしまう。地震があればたちまち落下するだろうから、日本のような国では絶対に許されない工法である。

四角いレンガブロックは箱型の建物を造るのに適しており、それゆえチュニジアの一戸建て住宅の外観も基本的に、四角い箱をいくつか積み並べたような形をしている。路上にある箱型の小さいキオスクなら、ほとんど一週間ほどで造り上げてしまう。

あらゆる建造物にこのレンガブロックが用いられ

るので、その需要はこの国で永遠に絶えることがない。はたしてどんな会社がつくっているのか、まさか一企業の独占ではあるまいなどと、建築中の家を見るたびに思ったものである。

高層マンションの飾り用アーチ。これもレンガブロックで見事に拵えてしまう

他人の侵入を許さない家

チュニジアの一戸建て住宅を見ると、その豪華なたたずまいにまず驚かされる。まさしく白亜のヴィラと呼ぶにふさわしい大きな家が、そこかしこに建っている。加えてこの国では電線が地下に埋設され、日本のように、電柱と電線がタテヨコに景観をぶった切るということがないから、カーサブランカの家並はよりいっそう美しく映えて見える。

そうしたチュニジア人の家の特徴を私なりに一言でいい表せば、見知らぬ他人の侵入を断固として許さない家、という風になろうか。家の周りは高い石塀で囲まれ、上には鉄製の忍び返しや、尖ったガラス片が埋め込まれている。入り口の扉はたいていが一つで、それも鉄製の頑丈なものばかりである。さらにその扉にはいつも、しっかりと鍵がかけられている。

そうした家々が立ち並ぶ住宅街を、私はただ歩いて通過するだけである。家のなかの様子を覗ったり、庭の木や花を愛でながらなかの人としばし言葉を交わす、といったことは、チュニジアではまず考えられない。堅く閉じられた扉と白い塀に守られた家並みを見ていると、おまえのような知らない人間は絶対なかに入れてやらないぞ、とでも主張しているような、そうした持ち主の強烈な意志のようなものが感じ取られてくる。街なかで出会ったときの、友人知人どうしが抱き合うようにして挨拶を交わすあの親密さとは裏腹に、見知らぬチュニジア人どうしはあくまでも見知らぬどうしであり、互いに警戒すべき存在としてある、ということなのであろうか。

完成間近の住宅。これに塗装を施すときれいなカーサブランカに変身する

他人に邪魔されることを極度に嫌うフランス人も、自宅を生け垣などで囲うことはあるが、チュニジア人のように石の塀でそれをすることはあまりない。いわんやアメリカ人のように、オープンな芝生地の真ん中に家を建てるなどというのは、およそ論外である。チュニジアで見るこの石造りの固い防護は、常日頃徹底した用心が必要だという現実的な要請から生まれたものか、あるいは襲い襲われるという歴史を繰り返してきたアラブ社会の伝統的な智恵によるものか、その辺のところはよく分からない。

リセ・エザハラにあるヴィラのように美しい一戸建て住宅

この家の防護は、堅固な塀や扉だけにとどまらない。窓という窓に、頑丈な鉄製の格子が嵌《は》めこまれるのである。道路に面した一階部分の窓だけがそうされるのでない。二階の窓や三階のベランダ部分にも鉄格子が施され、ほんとうにそこまでする必要があるのかと、家々の上階を見上げながら、いつも私は思ったものである。そうした事情は私が住んだアパートでも同じで、私の部屋は最上階の四階（日本式では五階）にあったが、その台所のベランダにも頑丈な鉄格子が嵌まっていた。たしかにそれで外部からの侵入（実際にあるとは思えないが）は防げるとしても、火事になって玄関から出られなくなると逃げ場がなくなってしまい、まさしく痛し痒《かゆ》しというところであった。

いずれにせよ、日本にある私の家のように、呼び鈴を鳴らした人が勝手に門扉を開けてなかに入り、案内もしてないのに玄関口まできているなどというのは、チュニジア人にすれば想像もできないことであるにちがいない。

キャンパスに閉じ込められる

出入り口が一つというのは、大学でも官庁のビルでも同じである。八八ヘクタールの広さを誇るテクノポールでも正門以外に出入り口はなく、広大な敷地の周りをぐるりと、背の高い石塀が取り囲んでいた。正門には複数のガードマンがいて、なかの建物にもそれぞれガードマンがいるから、外から不審な者が侵入しないよう、よほど神経を使っている様子がうかがえた。

環境科学大学でも入り口は一つで、時間がくると鉄の大きな扉が頑丈な鍵で閉じられる。そのため私は一度、キャンパス内に閉じ込められそうになり、冷や汗をかいたことがあった。

二〇一一年七月のある日、すでに公務員の勤務時間は夏時間の適用で午後二時までとなり、大学にはすっかり夏休みムードが漂っていた。その日は教員の会議があったらしく、二人の子どもを連れてやってきたカウンターパートのメミーアは彼らを自室に残したまま、会議室かどこかへ出かけて行った。ソーニャはその日、用事があって顔を見せなかった。

テクノポールの職員食堂はまだ開いていて、そこで昼食を済ませて大学の部屋に戻ると、もう午後の一時に近かった。やりかけの仕事を再開してしばらくすると、メミーアが子どもたちを連れてわざわざ私の部屋まできて、さよならの挨拶をした。それはおそらく、もうすぐ正門の扉が閉まるという彼女からの合図でもあったらしいのだが、そうとは気づかず、私はそのまま仕事をつづけてしまった。そのうち辺りがまったく静かになり、物音ひとつしなくなった。

環境科学大学の正門玄関。ここが閉じられると出入りができなくなる

ふと時計を見ると、午後の三時をかなり回っていた。

慌てて部屋の鍵を閉めて下のフロアに降りると、どこもかしこも静まり返っていた。常駐しているはずのガードマンの姿も見えない。鍵のかかった正面入り口ホールの扉は、押せども引けどもびくともしない。裏にも扉はあるのだが、そこは常から、開かずの扉になっていた。

そうして改めて気づいたのだが、そう広くないボルジュセドリアのキャンパスは一種の要塞のようになっていて、いったん扉を閉めると外から入ることはもちろん、なかから出ることもむずかしくなる。運動施設など一切ないので日本の大学のように、近隣に住む人たちが散歩がてらキャンパスに出入りするといったことなど、最初から想定されていない。とにかく落ち着いて外に出られるポイントを探さなくてはならない。背の高い外壁のところどころに風通し用の細長いスリットがあるが、とても身体は擦り抜けられそうになかった。あちこち歩き回ってやっと東側の階段教室の近くに一カ所、二メートルほどの高さの、上に何もない塀だけの部分があるのを見つけた。幸運なことに、もう使われていない道路標識のようなポールが足元に放置されており、それを斜めに立て掛けて足場にし、よいしょと上までよじ登ることができた。塀の上から辺りを見回すと、幸い人影は見えなかった。そうしてだれにも怪しまれることなく、エイヤッと外の植え込みに飛び降りることができた。いかにチュニジアの建物が堅固に防護されているものか、このとき改めて思い知らされた。

毎度毎度、こんなことをするわけにはいかないから、次の日からは必ず午後二時前に外へ出るよう、自分にいい聞かせた。それにしても、環境科学大学からこんなコソ泥まがいの出方をしたのは、おそらく私がはじめてのことだったにちがいない。

鳥の巣城のアパート

私が住んだアパートもレンガブロックでできていて、それについてはいろいろ面白いことがあった。

アパートを借りるとき、暑くなる前にエアコンを付けてもらう約束をしていた。管理人は近くで不動産屋を営むガドリ氏で、その彼に何度も催促の電話をし、クーラーなしでは過ごし辛くなりはじめた六月の半ばを過ぎて、やっと据え付けてもらうことになった。

私の部屋は最上階にあったので、エアコンの室外機はアパートの屋上に置き、それとエアコンとをつなぐパイプ用の穴を一つ、寝室の壁に穿つことになった。チュニジアではそうした穴をあらかじめつくっておく習慣がないらしく、私のアパートにも、前に建つ比較的新しいアパートにもそれはなかった。穴の開け方はいかにも乱暴なもので、ガドリ氏が連れてきた業者は、道路工事用の小型削岩機をさらに小さくしたような道具を両手に持ち、力任せにゴボッと、一気に穴を開けた。太い鉄の棒で無理やりレンガブロックを押し貫くのであるから、当然のことながらきれいな穴が開くわけがない。結局、パイプが何本も入るような、縁がギザギザに割れていびつな形をした穴ができあがった。穴は明らかに大きすぎたが、ガドリ氏と業者にすればとくに問題はないようで、とにかくそんな風にしてエアコンの据え付けは完了した。

その工事が終わって一週間ほどすると、一階に住む人が私の部屋まできて苦情を申し立てた。エアコンから垂れる水滴が、その人のベランダに落ちて困るというのである。それは申し訳ないこととて、さっそくまたガドリ氏に電話を入れ、これこれこういうわけだから排水用のホースを取りつけて欲しいと依頼した。数日後、同じ業者を連れてガドリ氏がやってきた。またエアコン本体を取り外して二本のホースをつなぎなおし、排水用の一本は台所のベランダにおろして、そこへ水が流れるようにしてもらった。

業者がその仕事をしている間、ガドリ氏は台所のベランダにいて、向かいのアパートをじっと見つめていた。そこの外壁にはエアコンの室外機が幾つも取りつけられている。それを指差しながらガドリ氏は私にこういった。

「ムッシュ・モリノ、あれをよく見てくれ。あんな風に、エアコンの水はそのまま下まで落としていいんだ。どこでもああするのがふつうなんだよ」
なるほど、よく見ると、排水用のホースを備えた室外機は一つもない。どのエアコンの水も垂れ流しになっている。ただ、そのアパートの一階部分はベランダでも物干し場でもなく草地になっていて、水が垂れても困る人はいない。しかし私の場合は現に被害者が訴えてきており、やはりホースを取りつけべきであるとガドリ氏を説得した。

それでも彼はすぐには納得せず、さらにこうつづけた。

「これはきっとムッシュ・モリノ、あんたが外国人だから下のヤツがそんなことをいってきたんだ。もしオレたちが相手だったら、うるせえの一言で終わりなんだけどね」

使われなくなったエアコン用の穴が鳥の巣になっている

たしかにチュニスの街なかを歩いていると、歩道にエアコンの水が垂れ流しになっているのを見ることが多い。ひどいケースになると、床の掃除で洗い流したと思しき汚れた水が、二階や三階の部分に開けられた穴から、歩道にザーザー流れ落ちてくることもある。

筆者の寝室のエアコン穴。ここにも鳥が巣をつくってしまった

そうした光景をずっと見慣れてきたガドリ氏にすれば、私が依頼した仕事はあまり気乗りのするものでなかったにちがいない。

向かいのアパートでも私が見たのと同じ荒っぽいやり方で、エアコンのパイプ穴が穿たれたらしい。パイプの太さとは不釣り合いな大きな穴が、室外機の横に開けられていた。すでに室外機が取り外され、大きな穴だけが残っているところも数多くあった。

ある朝のこと、鳥の声がうるさく聞こえるのでベランダに出てみた。すると向かいのアパートの壁にある、使わないで放置されたままのエアコンの穴に、親鳥がせっせと藁などを運んでいるのが見えた。数えてみると巣穴は全部で一〇ほどあり、何やら目の前のアパート全体が鳥の巣城のようにも見えた。使用済みのエアコンの穴を塞がないでいるのは、まこと鳥たちにすればありがたいことにちがいない。それは弱きを助けよというコーランの教えにも、よく叶ったことかもしれない。

次の年、騒がしく鳴きたてる鳥の声に起こされてベランダに出ると、ガドリ氏たちがつくった私の部屋のエアコンの穴にも、鳥が巣をつくっているのが見えた。

雨がしとしと降る夜、ベッドで一人、横になっていると、まるで水琴窟のような、きれいな水音が間隔をおいて聞こえてくることがよくあった。レンガブロックでできた壁のどこかが偶然に水甕のようになって、そこに水滴が落ちているのであろう。深夜に耳をすませてそれに聞き入っているのも、なかなか異国情緒にあふれて乙なものであった。

第5章　インシャアッラーと分業の社会

チュニジア人は親切で愛想がよく、こちらのいうことはたいてい、何でも気軽に聞いてくれる。そればかりか、こちらが頼んでないことでも、向こうで勝手に引き受けてくれさえする。たとえばテクノポールでも大学でもいろんな人たちが、あの海沿いの町はいいところだから今度、是非一緒に行こう、あのカフェで出されるお菓子は最高だから今度連れてってやる、などとよくいってくれた。その通りになるかどうかは、そのときになってみないと分からない。そしてたいてい、そうはならなかった。こうした他愛のない口約束はこちらも真に受けてないのでそれで済んでしまうが、仕事上の必要があって何かの約束や頼みごとをするとき、チュニジア人のこの愛想のよさに引っ張りまわされ、戸惑うことがしばしばであった。

管理人ガドリ氏

チュニジアでの最初の二年間、チュニス郊外線のリセ・エザハラ駅に近いアパートの部屋を借りて住んだ。部屋の持ち主のチュニジア人はフランスに住んでいて、前の章でも触れたとおり、ガドリという不動産屋が代って管理人を勤めていた。ガドリ氏は底抜けに明るくて愛想がよく、加えてちょっぴりいい加減な、私にすれば典型的なチュニジア人であった。ともあれ何があっても憎めない人で、このガドリ氏とは会うたびに互いに抱きあい、両の頬をくっつけ合って挨拶を交わしたものであった。

チュニジアでは断水や停電はとくに珍しいことでない。一度経験してしまえば何ともなくなるが、はじめてのときはさすがに不安になった。このまずっと、自分の部屋にだけ水も電気もこないのではないかと考えたりして。

アパートに入ってひと月ほど過ぎたある朝、起きると水道の水が出ない。そのうち出るだろうと思って大学へ行き、ヘンダという女子学生の「チュニス近郊の湖における水銀とカドミウムの測定分析」という卒論審査会に出たあと、どうにも気になるので昼過ぎにアパートに戻った。やはり水は出ない。蛇口にコトリとも音がしない。

さっそくガドリ氏に電話し、「水が出ない、これは

アパートの管理人ガドリ氏。革命前、この事務所の壁にもベン・アリ大統領の肖像額が飾られていたという

大災厄《カタストロフ》である」と訴えた。すると「分かった、一〇分で行くから待っててくれ」という返事。このときは本当に一〇分できてくれた。それからガドリ氏の探索がはじまり、彼の先導でアパートの廊下にある水道メーターの納戸を覗いたりして大いに勉強になったが、これといった問題点は見い出せなかった。最終的にガドリ氏は知人を介してアパートに住む住人に電話をかけ、それでやっとその日一日、全戸が断水であるとの情報を得た。断水があるなら貼り紙ぐらいは出しておいてくれよと思ったが、アラビア語でそれをやられると、私にはないのと同じであった。

水道の水は無事、夜の一一時になって出た。奇しくも斜向かいでやっているマンション工事の、うるさい物音が止んだのと同時刻であった。

また別の日、水道の蛇口レバーが妙に硬くなった。水を出しているのに熱い湯が流れ出し、ガス温水器のスイッチを入れたり切ったりしていると、今度は水そのものが止まらなくなってしまった。慌てても仕方がないので廊下にある水道の元栓をオフにし、すぐガドリ氏に電話を入れて呼び出した。午後七時を過ぎていたにもかかわらず、彼は三〇分ほどして「特急サービスだよ！」といいながら、水道屋と一緒にやってきてくれた。そして帰りがけにニコニコしながら、私にこういった。

「何かあったらまた電話してくれ、オレは今日みたいに、いつでも飛んでくるからね」

そんな風にガドリ氏はたいへん親切で面倒見がよかったのだが、問題は不調この上ないガス温水器の修理であった。それがうまく機能しないことは賃貸契約を交わすときすでに分かっていて、アパートへ入る前に直しておくという約束であった。しかし約束は果たされず、入居後、故障と応急修理を何度か繰り返して、最終的に集積回路を新品に取り替えて完全に直るまでの半年間、全部で十回ほど、湯が出なくなるたびにガドリ氏を電話で呼び出すこととなった。

　電話をするたびにガドリ氏は、うん分かった、明日技術屋《テクニシャン》を連れて行くからと、実に愛想のよい返事をしてくれた。それでいて、たいていはやってこなかった。翌日も連絡がないままで、数日立ってまたこちらから電話を入れると慌てた様子で、分かった、いまからテクニシャンに電話するからという。そんなことの繰り返しであった。あるときは何があったのか、急にガドリ氏の方から電話がかかってきて、いまからそちらへ行くからという。あと何分後にと訊いたら一五分後とのこと。ちょうど夕食時であったが、外のレストランへ食べに出ることもせず彼を待った。で、結局やってこなかった。これ以上はないというドタキャンぶりであった。

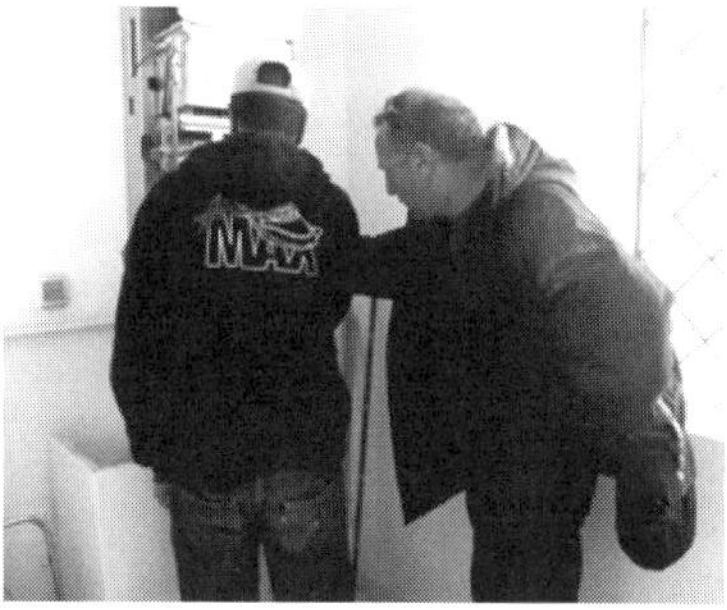

温水器の修理をするガドリ氏と技術者。
これを半年の間に10回ほど繰り返した

　夏場はよいが、チュニジアといえども冬は結構寒い。エアコンのある寝室だけは温めることができたが、さすがにレンガとタイルでできたアパートだけあって、暖房の効かない居間にいると底冷えがした。そうして二〇一二年の一月、湯も出ず暖房も効かない状態が二週間ほどつづいた。寒さを我慢しながらガドリ氏がくるのを今日か明日かと待っていると、自分が相手にしているのは彼一人でなく、何事にも大らかなチュニジア社会全体であるような気がしてきた。何でも決めた通りに事を運ぼうとする、こちらに非があるようにも思えてきた。

アパートの再塗装

二〇一二年の五月、アパートの壁を塗りかえる工事がはじまった。二カ月ほどかけて壁や鉄格子が新しく塗り直されると、アパート全体が見違えるように美しくなった。革命のときに書かれた政府や警察官を揶揄した落書きなども、きれいに消されてなくなった。

再塗装するにあたって各戸が三〇〇ディナールずつ出し合うことは、アパートの入口に貼られたフランス語の告知を読んで私も知っていた。しばらくしてアラビア語で書かれた請求書(らしきもの)が私の手元に届けられた。大事なことなのでさっそくガドリ氏に電話し、取りにきてくれるよう頼んだ。例によって「明日の夕方に行くから」という愛想のよい返事。それで待ったのだが、やはりやってこなかった。また何度か電話をしてめでたく請求書を手渡せたが、そのときの帰り際、万事うまくいってるね、アパートに何の問題もないよねと、ニコニコしながらガドリ氏は私にいう。幾度も約束をすっぽかしたことなど、彼の頭にはまったくないようであった。

塗装工事が順調に進んでいたある日の夕刻、業者が部屋に私を訪ねてきた。台所の鉄格子をベランダ側から塗りなおしたいが、ついては翌朝の九時、私が部屋にいるかどうか、それを確かめにきたのである。泥棒よけのその鉄格子を外側から塗りなおすには、ロープを下ろして足場を組む以外、ほかに方法がない。そのため内側のベランダから仕事をする方がよほど楽である。私はいつも八時前にアパートを出ることにしていたが、作業は一五分ほどで済むというので了承した。

で、翌朝の九時になったがだれもやってこない。一〇分ほど待って下に降り、入り口付近を見回したが、職人たちの影さえ見えない。三〇分ほど待ってもくる気配がなく、塗装業者よ、おまえもかと頭のなかで呟きながら、郊外線の駅へと向かった。当の鉄格子は後日、私の不在中に塗りなおされていた。結局、ロープで足場を組んでそれをやったらしい。

スースのアパート管理人

チュニスから国鉄南北線で南に下ると、二時間足らずでサヘルという、地中海沿いの風光明美な地に到達する。私は二〇一四年の半年間、「サヘルの真珠」と呼ばれる観光都市スースにある応用科学大学で、やはり日本語・日本文化講座を担当して学生や教職員を対象に、短期のＪＩＣＡボランティアとして活動を展開した。

このスースで借りたアパートの部屋の持ち主もフランスに住んでおり、そこから一〇キロほど離れたハマムスースという町にある不動産会社がその管理を任されていた。事務所で賃貸契約書にサインを済ませると、担当の若い従業員は私に向かい、実に愛想よくこういってくれた。

「何かあったらいつでも電話して下さい、一五分で駆けつけますから」

しかしその後、アパートを引き払うまでの半年間、彼が一五分で駆けつけてくれたことは一度たりともなかった。会って話すと実に親切な好青年であったが、リセ・エザハラのガドリ氏に負けず劣らず、時間と約束に関しては大らか過ぎるほどの人であった。

そのとき交わした契約では、水道代と光熱費は家賃に含まれることになっていた。いずれの料金も決められた日までに払う必要があり、私の部屋に請求書が届くたび、すぐ電話を入れて取りにくるよう頼んだ。ガドリ氏と同様、若い従業員は私の電話を受けるたび、「分かりました、明日の夕方行きます」と、実に愛想よく返事をしてくれた。しかしその通りになったかといえば、驚くべきことに、ただの一度もなかった。またこちらから二度三度と、催促の電話を入れるのが常であった。あるときなど私の電話に、「ちょうどいまアパートから車で一五分のところにいるので、すぐ行けます」という返事が返ってきた。よし、このたびはうまくいくぞと喜んで待ったが、とうとうやってこなかった。請求書の支払い期限まではいつも相当の時間的余裕があり、とくに慌てる必要はなかった。それに、そう何度も電話を入れるのは大人げないような気もして、呼び出す頻度はなるべく控え目にした。そうしてつくづく、やっぱり私も日本人であるなと感じ入りながら、こない相手を待ったものであった。

極めつけは私がスースの大学でボランティア活動をすべて終え、いよいよアパートを出るという日のことであった。若い従業員とは以前からの約束で、その日の午前一一時にアパートの鍵を返すことになっていた。しかしその時間になっても、やってくる気配が一向にない。こんなこともあろうかと、私は前日に確認の電話を入れたのだが、何度かけても不在のままであった。当日は一二時過ぎにチュニス行きの列車に乗ることになっていた。時間が迫ってくるので改めて電話を入れると、思った通り、まったく失念していた様子であった。仕事の予定を記す手帳も彼は持っていないようで、それでよく商売がまわっていくものだとつくづく感心した。

やはりアパートを出る前の日、掃除の小母さんとも私は約束をし、翌日の午前一〇時に部屋まできてもらうことになっていた。持ち帰ることのできない電気スタンドや湯沸かし器がいくつかあって、それを取りにきてくれるよう頼んであったのである。それはありがたい、日本にいる奥さんにもよろしく伝えてねと、小母さんは満面に笑みを浮かべながらわざわざ指を一〇本開いて、約束の時間を確認した。しかし彼女も結局、約束の時間にやってこなかった。

小柄な掃除の小母さんは片言のフランス語しか話せなかったが、とても人あたりのよい女性で、私と会うたびに笑顔を見せて、何かと声をかけてくれた。あの若い管理人もごくごく善良な人で、アパートに入る前の二日間、ホテル住まいをしていた私の重いスーツケースを、自分からいい出して車で運んでくれた。そうしたことが頭にあるので、何かを頼んでその通りに事が運ぶと期待する方が間違っているのだと、そう自分にいい聞かせるしかなかった。実際、私には何の実害もなかったことだし……。

チュニジア時間

人との約束もそうだが、会議や催し物なども、あらかじめ決めた通りに事が運ぶことは珍しい。チュニジアにいた足かけ四年の間、時間通りにはじまった何かの集りというのに、私は立ち会ったことがない。つまりはあらゆることが、チュニジア時間で進行するのである。

エル・ジェムの円形闘技場であった国際クラシック音楽フェスティバル

チュニスから南へ約二〇〇キロ行ったところにエル・ジェムという町がある。ここには世界遺産にも登録されたローマ時代の円形闘技場があり、そこを会場にして毎年七月、クラシック音楽の国際フェスティバルがおよそ二週間にわたって開催される。私が参加したのは二〇〇二年のフェスティバルで、それが初回から数えて二七回目というから、すでにチュニジアにしっかりと根づいた国際的文化行事となっている。初日はウイーン・オペラ交響楽団の演奏があり、それにあわせてチュニスの知り合いの旅行社が、日帰りのツアーを組んでくれたのである。

　演奏会は午後九時三〇分にはじまる予定が、文化大臣の到着を待つという理由で、五〇分ほどの遅れとなった。やっと会場に着いた大臣は大勢の人を待たせたことに悪びれる風もなく、満面に笑みをたたえて観客に手を振りながら、客席の真ん中に座った。それを合図に主催者が開会の挨拶文が読み上げ、アラビア語のときは何もなかったが、フランス語で「このフェスティバルをご支援くださった文化大臣に感謝します」というくだりまできたとき、客席のあちこちから一斉にブーイングが巻き起こった。由緒あるこのフェスティバルには毎年、外国人客も数多く詰め掛け、その彼らから発せられた抗議と揶揄のサインであった。実際、大臣などいなくても演奏会は可能で、遅れるのが分かった時点で先にはじめるよう、なぜ彼は関係者に指示しなかったのだろうか。一国の大臣にしてこの時間感覚かと、私はしみじみ思ったものである。開演の遅れもあってリセ・エザハラのアパートへ戻ったとき、夜中の三時を回っていた。

円形闘技場の壁に映し出されたウィーン・オペラ交響楽団の文字

　チュニスにほど近いクラムという町で毎年、チュニジア各地でつくられる民芸品の展示即売会が開催される。二〇一三年一月、冷たい風が吹きすさぶなか、その初日に会場まで出かけると、とっくに予定の時間は過ぎているのに入り口は閉じられたままで、大勢の人たちが手持無沙汰に開門を待っていた。近くにいた人に事情を聞くと、首相の到着が遅れているのだという。それにつづけてその人は、だから入り口は技術的な理由でなく、政治的な理由で開かないんだと、実に洒落の効いたうまい皮肉をいった。この国では万事遅れるのがふつうだから、誰も文句をいったり怒鳴ったりはしない。そうしようにも、入り口付近に係員が一人もいないのだから仕方がない。待ちくたびれて帰る人も多く、私も二度目の物産展なので、早々に引き揚げることにした。

翌日の新聞に民芸物産展開催のニュースが載っていた。開会宣言をした首相が会場を見回り、大いに盛り上がったと書かれてあった。開門が遅れて多くの市民が帰ったことについては、一言も触れられていなかった。こうなると新聞記者もいい加減なもので、国民の方にまったく目が向いていない。そういうところから改めていかない限り、ごく一部のエリートを中心に物事が動いていくこの国の現状に当面、大きな変化は生じないように思う。

二つの大学で

幸い、大学の講義や演習は時間割通りに進められた。しかしその他の行事となると、やはり時間通りに事が運ぶことは珍しかった。

二〇一三年の春、環境科学大学でオープン・キャンパスの催しがあり、そのときの研究報告会では私も演者の一人として、日本における住民参加型ゴミ分別処理についての報告を行った。この報告会の開始は午前九時からであったが、驚いたことに、その時間になって数人の事務職員が会場にやってきて、机を動かしたり、パワーポイントの調整などをやりはじめた。そのため学部長のイメッドがする開会の挨拶も三〇分遅れとなったが、そのことについて当のイメッド自身、とくに何の問題も感じていないようであった。演者の発表がはじまると、もっと驚くことがあった。一人の発表時間は二〇分、質疑応答は一〇分と決められていたのに、司会進行役の教員が時計を持っていなかったり、持っていても時間にまるで無頓着なものだから、どんどん進行が遅れて行った。発表の間にコーヒーブレイクが数回あったので多少の時間調整はなされたものの、最後の出番であった私の発表は一時間遅れとなってしまった。

学生主体の集りも同じようなものであった。たとえば環境科学大学の環境クラブは二カ月に一度、例会を開き、地球規模の環境問題を紹介する映画を上映したあと、討論会に移るのが毎回のプログラムであった。そしてこの例会も、マイクやパワーポイントの調整に手間取るなどして、毎回、決まったように一時間ほど開始が遅れた。そのことはだれもがよく承知していて、予定の時間を三〇分以上も過ぎたころ、大勢の学生がぞろぞろ会場に入ってくるのが常であった。教員と同様、学生もチュニジア時間に即して動くのであった。

スースの応用科学大学で二〇一四年二月のある日、チュニジア学生連盟の主催で午前一〇

滔々とアラビア語で演説をするチュニジア学生連盟の女性リーダー

時から、文化祭が開かれることになっていた。その半月ほど前から私もそれに参加するようにいわれ、ほかに日本人がいればぜひ連れてきて欲しいと頼まれてもいた。ちょうど当日、ＪＩＣＡ事務所のスタッフが公用でスースにくる予定があり、また近くのハマムスースにはＨさんという女性の青年協力隊員がいるので、その二人に大学まできてもらうことにした。学生連盟の代表はまた、日本の浴衣の着付けを文化祭のプログラムに取り入れたいという。それでＨさんに頼んで、何着かの浴衣を用意してもらった。

　当日、予定の午前一〇時に中庭へ行くと、なるほどテントが張られていた。しかし文化祭らしきものがはじまる気配は一向になかった。テントを覗くと女子学生が数人、飾り物らしきものを紙と糊でつくっている。男子学生はオーディオ類の調整に忙しい。つまりは開始時間になってから、みなで準備をはじめているのである。これからこの国を背負って立とうというリーダー的存在の学生たちまでもが、かくも時間にルーズであることを知り、少なからず驚かされた。そうして何事もなく一時間ほど過ぎると、講義を終えた学生たちが大勢、テントのある中庭まで出てきた。すると学生連盟の代表がマイクを手に一〇分ほど、アラビア語で演説をはじめた。それが終ると中庭はまたふだん通りの状態に戻り、それから何かあったのか、何もなかったのか、私はよく知らない。同行の日本人も午後には次の予定があり、そのまま大学をあとにした。

翌日、学生連盟の代表二人から私にメールが送られてきて、文化祭の進行に手落ちがあったことを謝罪してきた。日本文化の概略について当の文化祭で話をして欲しいと、私に頼みにきた二人であった。彼らへの返信メールに、日本文化と日本社会の重要な側面の一つは時間に正確であることです、と書いておいた。

分業の社会

日本語・日本文化講座ではいつも紙資料のほか、パワーポイントを用いた。それにはプロジェクターが必要となる。大学にあったのは、どれも日本のシャープ製であった。

環境科学大学では当初、そうしたAV機器の管理はワジュディという事務職員が担当していた。ワジュディとは大学への行き帰りによくバスで一緒になり、女性職員のムーナと並んで、私の世話をよく焼いてくれる一人であった。彼は階段教室の隅の小部屋にいることが多く、そこにはいつもプロジェクターが一つか二つ、置かれてあった。彼は毎回それを階段教室まで運んでセットしてくれたし、授業で用いる資料のコピーも気軽にやってくれた。

年が明けるとワジュディは教務関係の部門に移動してしまい、新たにモハメッドがAV機器貸し出しの担当になった。鳥打帽を頭に載せ、どことなくおしゃれな感じのする小柄なモハメッドは、私相手にはあまり口を開かず、ちょっととっつきにくい感じのする事務職員であった（こうしたタイプのチュニジア人も案外多い）。その彼はAV機器の担当になった当初、大講堂の入り口を入ってすぐの控え室に事務所を構え、そこの棚に機器類を並べた。しかし一カ月ほどすると理由はよく分からないが、図書室がある棟の奥まったところにある一室に移動し、そこへ当の機器類もすべて運び込んだ。そんな風に、係が変われば機器の置き場所も変わってしまうというのは、考えてみれば不思議な話である。

日本語・日本文化講座での筆者。講義は毎回、時間割通りに始めることができた

モハメッドはワジュディとちがって、プロジェクターを借り出すたびに貸出台帳へのサインを要求した。さすがに借り出しが四回、五回とつづくと面倒になったのであろう、サインのことはもういい出さなくなった。モハメッドが担当する仕事は機器の貸し出しだけのようで、だからいつ彼を訪ねても手持無沙汰な様子で、たいていはパソコンの前に座ってインターネット

受講する学生たち。筆者がいう冗談にはすぐ反応してくれたし、疑問に思ったことは何でも質問してくれた

のサイトか何かを見ていた。

ホワイトボード用のサインペンやプリンターの用紙をもらうには、タレクという職員の部屋まで行かなくてはならない。こちらはそんなに頻繁に利用しなかったが、当初は彼の事務所がどこにあるのか、人に聞いてもよく分からず、とくに教員の教えてくれる情報が不正確であった。物品を受取る際に台帳にサインするのは当然のことで、やはり暇そうにしているタレクの前で毎回、それをやった。AV機器であれ事務用品であれ、あわせて一人で扱ってもまだ十分に時間が余ると思うのだが、とにかくそんな風に、ある種の分業システムが大学のなかに打ち立てられていた。困ったのは、こうした事務担当者がそれぞれ、なぜか数カ月もすると突然、入れ替わってしまうことであった。

ある日、モハメッドの事務所にプロジェクターを借りに行くと、ここではもうやっていない、正門玄関横の事務棟にあるだれそれの部屋に移ったから、という。そして今度はそのモハメッドがタレクに代って事務用品の担当になったのだが、それまで彼の部屋にあったAV機器類はすべて持ち出され、代りにタレクの部屋に置いてあった事務用品がずらりと棚に並んでいた。物品を管理する部屋は一カ所に固定し、担当者だけを移動させた方がはるかに効率的だと思うが、とにかくそんな風になっているのだから仕方がない。

で、それからが大変である。

モハメッドがいう「だれそれの部屋」を探さなくてはならない。モハメッドがその部屋の担当者に電話を入れたり、あるいは事務棟まで一緒に行ってここだよと教えてくれたりすれば助かるのだが、決してそんな風にはならない。理由は簡単である。彼はもうＡＶ機器の担当ではないのだから……。

仕方がないので自分で事務棟まで行き、人がいそうな部屋の扉を適当にノックする。応答があるとなかを覗き、プロジェクターを貸してくれる部屋はどこかと尋ねる。するとそちらですよと、なかにいる事務職員らしき人は一応、教えはしてくれる。しかしその人が廊下にまで出て、ほら、この部屋ですよと案内してくれるようなことはまずない。これも理由は簡単、そうするのはその人の仕事ではないからで、分業の精神に反するようなことはしないのである。そうして肝心の部屋に鍵がかかっていたり誰もいなかったりするともうお手上げで、そんなときは潔く諦めるしかない。

思えば環境科学大学で授業をはじめるに当たって、開講案内の掲示を出す必要があった。それについては事務局長室の女性秘書と何度か打ち合せをし、これこれの内容で掲示を出して欲しいと、最後には二人の教員も交えて説明し、相手はメモまでとってハイハイと承知をしてくれたはずであった。ところがいつまで待っても掲示は出ない。だんだん開講の日が迫ってくる。仕方がないので自分でワープロ原稿をつくり、印刷したものをワジュディに頼んで貼り出してもらった。それからはもう人を介さず、授業案内の類いはすべて自分でつくるようにしたが、最初の掲示がうまく貼り出されなかったのはひょっとして、当の秘書に守備範囲を超える仕事を頼んだせいだったかも知れないなと、あとになって大いに反省したものである。

環境科学大学で何か困ったことがあったとき、ワジュディかムーナに相談するとすぐに解決した。そう思うと、この二人は私にとり、分業の枠を超えて気軽に助け船を出してくれる、まさに稀有のチュニジア人であったということができる

テキストの受領書

環境科学大学で日本語講座を展開するに当って頭を悩ませたのが、日本語テキストの問題であった。日本で市販されるテキストを学生に買わせることはできない。簡単に手に入るものでないし、第一、高価過ぎる（チュニジアの大学では基本的に教科書は用いない。学生には高すぎるからである）。手持ちのテキストをコピーして配るのは、著作権法からしてなおのこと論外である。となれば今後、何の専門家であれ日本人ボランティアが環境科学大学にきて日本語講座を行うこともあろうから、それにも対応できるよう、まとまった数の日本語テキストをＪＩＣＡ事務

所の業務経費で購入してもらい、大学図書室に登録しておくのが最もよい。というわけで、日本から日本語テキストを五〇部取り寄せてもらい、環境科学大学の図書室に司書のアミーラを訪ね、寄贈の手続きを取ってもらった。そうして背表紙に登録ナンバーが打たれたテキストを借り出し、学生は日本語講座に出席した。

このテキストはＪＩＣＡの公費で購入したものであるから、寄贈を証明する公式の受領書を大学からもらっておく必要がある。ＪＩＣＡにはそれ用の決まった様式があり、インターネットを通じてダウンロードできる。そうしてプリントアウトした受領書に学部長のサインをもらうべく、それを秘書に手渡したのが、大学で期末試験がはじまった二〇一三年四月八日のことであった。いつものニコニコ顔で秘書は「承知しました」という。これで一件落着、と思ったが、甘かった。最終的に学部長でなく事務局長のサインが入った受領書を私が手にしたのは、それから一カ月を経た五月八日のことであった。一つのサインをもらうのにこれだけの時間を要したのは、やはりあの分業のせいであった。

一週間後に受領書を受け取りに行くと、学部長室から出てきたイメッドは、いまから大学院の特別授業があるという。秘書に渡した受領書にサインをしてくれたかと訊くと、いや、オレにはよう分からんとだけいい、足早に去って行った。よう分からんとはどういうことかと自問しながら、私はテクノポールにある自室に戻った。

一〇日ほどしてまたイメッドを訪ねた。少し前に日本であった地震のことやら、間近い私の帰国のことやらについて話したあと、例の受領書にサインしてくれたかと尋ねた。やはりイメッドはよう分からんを繰り返すばかり。メミーアが学部長のときに図書室に納めた日本語テキストのことだというと、そのこと自体はよく承知している様子であった。では秘書に渡したあの受領書はいまどこにあるのかと訊いても、さあ、というばかりで一向に埒《らち》が明かない。

この時点で私にピンと来るものがあった。これはどうやら入り口を間違えたらしい。テキストの受領云々は学部長でなく事務局長の守備範囲で、とすればここはいったん仕切り直しをして、テキスト寄贈の事務処理をしてくれた司書のアミーラから書類を回してもらうのがよかろう、と考え直した。

試験の期間中で事務職員も会議が多いらしく、図書室に行ってもなかなかアミーラに会えなかった。四月も終り近くになってようやくアミーラを見つけ、日本語テキストのことだけどと切りだした。するとアミーラは最後まで聞かず、新聞のタブロイド判ほどもある厚い黒表紙の冊子を向こうの棚から取り出し、ページを繰りはじめた。見ると手書きで記された本の書名と登録ナンバーが、ローマ字とアラビア文字でびっしり並んでいる。図書室の蔵書リストであった。なぜ検索に便利な表計算ソフトを用いないのかと訊いても、いえ、ここではこうするんですというばかり。閲覧室のないこの図書室に学生が出入りするのをあまり見たことがないから、司書たちはこんな手間のかかることでもしていないと時間が潰せないのかと思った。ようやくアミーラが目的のページを探し当て、ほら、ここにありますよと指さした。それを見て私は驚きの声を上げた。幼児が書いたような稚拙な筆跡ながら、ちゃんと日本語でテキストのタイトルが記されてあった。見よう見まねで表紙にある文字を写しましたと、アミーラは嬉しそうに私にいった。

そのアミーラに、このテキストの受領書が学部長秘書室から回ってきたかと尋ねた。いいえ、何にも、という答え。それは当然予想していたところで、念のため持参したUSBチップから受領書ファイルをプリントアウトしてもらい、そこに学部長の受領サインが欲しいのだけどと頼んだ。するとメーデー明けの木曜日に学部長を交えて打合せをする予定があり、そのときにもらいますという返事。ここに至ってはじめて、これでやっと物事が前に動き出すかな、という感触を得た。

テクノポールの管理棟から大学まで一キロほどある。ほぼ日課のようにそこを行き来してきたのですっかり慣れているが、今回のようにちっとも捗らない用件のためにする往復は、やはり疲れた。試験中のことゆえ、学生との接触もなかったし……。

ともあれアミーラに依頼したのは大正解であった。それからなお事務局長室を四回ほど訪ねる羽目となったが、約一週間後の五月八日、めでたく署名の入った受領書を手に入れることができた。そのとき学部長のサインも必要かと事務局長は訊いたが、そうするとまた数週間かかりそうな気がして、いいえ、結構ですと答えた。

この受領書に関して、私が学部長のイメッドならどうしたであろうか。すぐ図書館に電話を

環境科学大学の図書室に寄贈した日本語テキスト

入れて事実確認をし、受領書を事務部門に回して誰の署名が適当かを決めさせる。そして当日中か翌日には一件落着、となっていたはずである。

ところが、である。教員のなかでもとくに気心の知れたはずのイメッドが、分からんを連発する。あれは分からんでなく、分かろうとしないのであり、要は自分がかかわるべき仕事ではないということの意思表示であったのだろう。事務部門が処理すべき案件に博士号を持つ教員の彼が手を出すのは、自家用車でなく、学生や事務職員に混ざって電車やバスで大学に通うのと同じようなもので、彼のプライドが許さなかったのだろう。私にはそうとしか思えなかった。

最初に学部長秘書に手渡した受領書の用紙には、前もって私のサインがしてあった。事務局長からもらった受領書にはそれがなく、司書のアミーラに渡した二枚目の用紙であることははっきりしている。となると、あの最初の用紙はどこへ行ってしまったのか。その辺りのことになると、もはや私には想像もつかない。

こういう国が発展途上国からの離脱を願って、日本を含めた各国の援助を期待している。テキスト寄贈もＯＤＡ援助の一環といえるが、その受領サインをもらうのにさえ、これだけの手間ヒマを要したのである。援助でいただいた物品の受領書だからこちらで急いで処理します、といった気遣いは絶対に示してくれない。残余のことは推して知るべしである。

誤解されると困るが、私は別に腹が立ったからというので、こんなことを書いているのではない。チュニジアの地方都市で活動する青年協力隊員の話を聞くと、彼らの職場で日常見られるセクショナリズムにはもっと驚かされるものがあって、わたしが経験したことなど可愛すぎて、ほとんど物の数に入らないかも知れない。これがサハラ砂漠以南の国となると、われわれの想像を超えた分業社会の現実があるにちがいない。よいとか悪いとかの話でなく、それがアフリカでありチュニジアであることを承知してかからないと、国際協力に従事する日本人はノイローゼになってしまうのがオチである。

チュニジア人の仕事の仕方

同僚ボランティアから聞いた職場での活動報告などを参考にして、チュニジア人の仕事上の特徴とでもいうものを私なりにまとめると、次の五つになる。このうち①と②はＪＩＣＡの若い青年協力隊員たちが実体験に基づいて指摘するところで、私自身は詳しく言及できる立場にない。それでもこの五つはチュニジアだけに留まらず、総じてアフリカ社会全体に共通する特徴と考えてよいように思う。

①プライド意識が高く、日本人ボランティアがする提言には容易に耳を貸さない
②新しいことに挑戦する意欲があまり見られない
③自分の担当でない仕事にはまず手を出さない
④それでいて安請け合いだけはする調子のよさ
⑤時間にルーズであること

スース応用科学大学の同僚教員にズワギがいた。北海道大学で土木工学の博士号を取得したあと数年間、札幌の研究所で働いていた人である。ある日、私の部屋を訪ねたズワギに右の五項目を示し、われわれ日本人ボランティアはチュニジア人の特徴、とくにチュニジア人の仕事の仕方についてこんな風だと考えているが、あなたはどう思うかと尋ねてみた。するとズワギはまったくその通りだと頷き、さらにもう一つ特徴があるとして、こう私にいった。

「チュニジア人は深く考えることをしません。だからいつも他人と同じことをします。あなたもよくご存じのとおり、チュニジアのどこへ行っても同じサンドイッチを売っています。どこのレストランに入っても、似たようなメニューばかりです」

私はなるほどと頷いて、こういった。

「そういえばどこの通りにも、同じ商品を売る同じような店がいくつも並んでいますね」

「そう、日本人のように、何か特徴を持たせるということをしないんです」

そういいながらズワギは農業を例にとり、さらにこんな話もしてくれた。

「ある年にじゃがいもの価格が高騰するとしますね。すると翌年、それこそチュニジアじゅうでじゃがいもづくりがはじまります。あるいは玉ねぎは毎年、品不足になって二カ月ほど店頭から姿を消すのですが、それを見越して収穫時期や出荷時期をずらすといった工夫をする農家があるかといえば、ありません。牛乳は毎年、つくり過ぎになって、価格維持のため大量に捨てられます。だからといって多少の投資をして、チーズなどの加工品づくりに力を入れるといった手立てをだれもやりません」

最後にズワギはこういって話を締めくくった。

「とにかく、みな同じことをするんです。だから見ててごらんなさい、来年はだれもがトマトをつくりますよ。今年は不作で高値でしたから」

ほかの教員は講義が終わるとすぐ帰ってしまうのに、このズワギだけはいつ研究室や実験室を訪ねても、学生相手に卒業論文や修士論文の指導や実験の手助けをしていた。日本での生活が長かった彼は日本人的な仕事の仕方に慣れてしまい、そのため大学では少し浮きあがった存在になっていると嘆いていた。なまじ日本人と同じような行動様式を身につけると、この国では却って生きづらくなるということかもしれない。

第6章　カフェ文化

チュニジア人にとって、カフェはなくてはならない存在である。仮にそれをすべてなくしてしまえば、彼らはたちどころに鬱病か何かになってしまうにちがいない。カフェはチュニジア人の生活に深く根を下ろしており、これをカフェ文化と呼んで、チュニジア社会を特徴づける一側面とすることができよう。日本にも喫茶店文化というものがあろうが、そちらは上品、静粛、清潔を旨とする点において、チュニジアのカフェとはおよそ似て非なるものである。

カフェの社会的機能

カフェは日本の喫茶店のように小ぎれいな空間でない。総じてなかは薄暗く、全体に薄汚れもしていて、絵とか花とかいった飾りに類するものは基本的にない。どの店でも壁の一角に薄型テレビが据えつけられ、たいていはサッカーの試合かアクション映画を映し出している。店内にあるテーブルや椅子に固定された位置というものはなく、客はそれを好きなところへ、自

一般的なカフェのたたずまい。この日は暑く、外の椅子に座る人は見えなかった

由に動かしてよい。ときには前の道路の、向こう側の歩道にまで持ち出されることもある。カフェの床には煙草の吸い殻やらゴミやらがいっぱい散らかっていて、お世辞にもきれいところとはいえない。そうしたカフェがおよそチュニジア人の住むところ、どこにでもある。

私が暮らしたリセ・エザハラのアパートは、郊外線の駅から歩いて一〇分ほどのところにあった。その一キロにも満たない距離の間に、四軒のカフェと、後述するサロン・ド・テが一軒あった。また郊外線のボルジュセドリア駅を降りてテクノポールまでバス道を歩くと、およそ二〇分ほどして人家が途切れて大学区に入る。そこまでにあるカフェを数えてみると、大小あわせて九軒、それに二軒のサロン・ド・テがあった。数分歩いて一軒、という割合である。チュニジアのどこへ行ってもそんな具合で、休暇でチュニジアの各都市を訪れても、カフェを探して一休みするのに、困るようなことはなかった。これだけ多くあって共倒れにならないかと心配したりもするが、それぞれの店が一定の固定客を抱えるらしく、しかも一人が一日に何度も利用するから、それなりにやっていけるのであろう。

カフェに一人でいるのはたいてい私だけで、周りでは大勢の人たちが大声で談笑しあい、またテーブルを囲んでトランプやドミノのゲームに興じている。話し声に加えて、カードや牌を卓上に力任せに大音立ててたたきつけたりもするから、カフェはいつも嬌声と騒音で満ちている。客のほとんどは近くに住む知りあいどうしで、だれかが店に入ってくるたび、握手やらハグやらをして挨拶を交わす。そうするとまた新たな談笑のグループができ上がり、椅子とテーブルが並び替えられる。そうした様子を眺めていると、この国では老人の孤独死など、あり得ないように思えてくる。人と人とのつながりからなるしっかりしたコミュニティがあり、その重要な拠点をカフェが提供しているのである。そこに行けばだれもが対等の、温かい人間関係に身を浸すことができる。だれかが病気にでもなって顔を見せなくなれば放っておかないはずで、それゆえチュニジアで果たすカフェの社会的機能には大きなものがある。日本の社会が失って久しいもの、でもある。

カフェ前の歩道に椅子を持ち出してくつろぐ人たち

チュニジアで大人気のサッカーの重要な試合があるとき、カフェはパブリック・ビューイングの場と化す。私

トランプをする人、それを見守る人。左手前の人はテレビに見入っている

は新聞のスポーツ欄は読まなかったが、それでも夜のカフェに大勢の人が詰めかけるのを見て、その日、重要な国内戦か国際試合があるのだと知ることができた。

二〇一二年一一月のある土曜日、チュニス日本語補習校（在留邦人子女を対象とした文部科学省公認の土曜日学校）での授業を終えてチュニス駅まで歩いて帰る途中、人っ子一人いない薄暗い通りにカフェだけが明るく賑わっていた。なかを覗くとどこも大入り満員の盛況で、まだ試合ははじまってなかったが客たちはコーヒーを飲んだり水煙草を吸ったりしながら、すでに相当の興奮状態にあるようであった。翌朝、新聞を見ると、トヨタカップのアフリカ大陸代表チーム決定戦で、チュニジア・リーグの覇者エスペランスとエジプト・リーグ優勝のアル・アハリの、ホーム・アンド・アウェイ第二戦であった（エジプトが勝って日本行きの切符を手にした）。チュニスを本拠とする大人気のサッカーチームがアフリカ・ナンバーワンを決める試合に臨んでいたわけで、なるほど、昨夜の帰り道で出くわした野良猫の方が、人間の数よりも多かった理由がよく分かった。

もちろんいまの時代、たいていのチュニジア人家庭にはテレビがあり、自宅でサッカー観戦ができる。それでも彼らはカフェまで足を運ぶのである。行きつけのカフェに行って気心の知れた者どうし、一緒に見る方が盛り上がるし、楽しみも倍加するのだろう。

とくに二〇一四年はブラジル・ワールドカップの年で、チュニジアじゅうのカフェが連日、夜遅くまでパブリック・ビューイングの場を提供した。ワールドカップ戦は特別のチャンネル契約をしないと自宅では見られなかったようで、そのためどのカフェも夜ごと大勢の客であふれた。大画面の壁掛けテレビをふだんより増やしたカフェもあれば、外のテラスに特大のスクリーンを据えるカフェもあった。いつもはばらばらに置かれている椅子も、カップ戦があるときはテレビ画面に向かって整然と並べられた。そこに行儀よく座ってテレビに見入る人たちを眺めていると、小学校で授業を受けている生徒たちのようにも見えた。ふだんは列をつくったり並んだりするのが苦手なはずのチュニジア人であるから、見ていて可笑しかった。

カフェでワールドサッカーの試合を見る人たち。行儀よく椅子に座っている

エクスプレスとミントティー

カフェに入ってウエイターを待っても、すぐ注文を取りにきてくれるとは限らない。だから直接、なかのカウンターまで行って注文するのが手っ取り早くてよい。もちろん水やおしぼりといったサービスはない。

料金の払い方はカフェによって異なる。たいていは飲み物を受け取ってまず空いた椅子に座り、ウエイターが店内を廻ってくるのを待つ。それでは払うのを忘れて出て行ってしまう客もいるのではないかと心配するぐらい、まことに大らかな集金のシステムである。店によっては先にレジでお金を払い、小さな領収カードをもらってカウンターにいる従業員に差し出す、といった場合もある。

シシャ（水煙草）を吸いながら話に耽る。左に見えるのはシシャ用のパイプの束

フランスのカフェでエスプレッソと注文すると怪訝な顔をされ、カフェですかと聞き直される。はじめてチュニジアのカフェに入ってエスプレッソと注文したときも、怪訝な顔をされた。この国ではエスプレッソのことをエクスプレス（特急の意味）と呼び、たいていは小さなガラスコップに入れて出される。フランスと

同様、それが基本のコーヒーで、日本のようなアメリカン・スタイルのコーヒーはない。エクスプレスにミルクを加えたのをディレクトと呼ぶが、こちらの語源はよく分からない。

チュニジアに赴任した二〇一一年当時、エクスプレスはどこでも四〇〇ミリームであった。以後、夏のラマダンを終えるごとに、電車やバスの公共料金は別にしてあらゆるものが値上がりし、エクスプレスも四五〇ミリーム、次いで五〇〇ミリームになった。それでも円に換算して三〇円ほどで、日本人からすれば信じられないほど安い。日本の大都市にはその二〇倍ほどの料金を取って、名前だけはエスプレッソという泡立った不思議なコーヒーを出す店がある。一度そのオーナーたちに、本物はこんなに安くて美味しいものですよと飲ませてやりたいほどである。

北アフリカではコーヒー以外に、よくミント・ティーが飲まれるといわれる。チュニジアではそうでもないようで、私がだれかの家に招かれてミント・ティーをいただいたことは一度もない。たいていは煮出して簡単につくれるトルコ・コーヒーであった。お茶についていえば、カフェではテ・ルージュ（紅茶）とテ・ヴェール（緑茶）を注文できる。いずれも煮出したお茶、といった感じである。カフェによっては、ミントの葉を入れた花瓶がカウンターに置かれている。それを加えるとミント・ティーができあがるが、実際にそうして飲む客はごく少ない。コーヒーにしろお茶にしろ、チュニジア人は大量の砂糖を入れて飲む。とくにテ・ルージュは最初から砂糖を入れて煮込んであるのに、そこになお角砂糖を二つも三つも入れる人がいて驚かされる。角砂糖は一キロのパックが六〇円ほどで、客はカウンターに置かれたそれを、いくつでも自由に取ることができる。

親父カフェ

親父カフェといっても、そういう言葉がチュニジアにあるわけでない。この国のどこにでもあるカフェを指して、JICAの若い女性協力隊員がそう呼ぶのである。まことにいい得て妙で、チュニジアでカフェを利用するのは男だけ、それもたいてい、むつくけき親父ばかりである。もちろん皆無とはいえないが、カフェに女性が出入りすることはほとんどない。そのため町のどこにでもありながら、そこに女性の青年海外協力隊員は入ることができず、それゆえ彼女らは皮肉をこめて、親父カフェと呼んでいるわけである。

チュニスのメディナ（旧市街）にあるカフェ。大勢の若者であふれていた

男女が席を同じくしないというイスラムの風習が昔からあり、カフェもそのせいで男だけの場所になったのかもしれない。もっとも、以前から家事仕事に精を出すのは女性だけで、何もすることがない男どもは仕方なく外

のカフェに行って時間を潰すようになったというのが、親父カフェができた本当の理由のようにも思える。いずれにせよ、法社会学者がいう「生ける法」のような伝統的社会慣習が、親父カフェに関してでき上がっているということだけは確かである。

カフェに女性が入ってはならないという法律はない。そのことについてスース大学の同僚教師であったエゼディンヌに確かめると、こう説明してくれた。

「もちろん女性がカフェに入るのは自由です。でも彼女らはそうしません。昔からの習慣ということもありますが、とにかくカフェにいる男連中はいつも傍若無人に大声

ビゼルトにある小さなカフェのマスター。二、三度通ってすっかり仲良しになった

を張り上げ、それも絶えずグロ・モを交えてバカ話をするので、女の人はみな顔を赤くして逃げ出します。そういうことを女性はよく知っているので、最初からカフェに入ることをしないのです」

ここでグロ・モというのは、「野卑な言葉」を意味するフランス語である。

造成地の真っ只中にあったボルジュセドリアの環境科学大学とちがって、街中に位置したスースの応用科学大学の場合、すぐ近くに六軒ほどのカフェがあった。私は正門の前と横にあ

る二軒のカフェを毎日のように利用したが、そのどちらでも女性の姿を目にすることはなかった。とくに正門の横手にあるカフェの利用客は学生と教員が主体で、学部長がそこのテーブルで教務部長らと仕事の話をしているのをよく目にした。つまり、そのカフェで客どうしがグロ・モを用いてバカ話をしているように見えなかったが、それでも女子学生はもとより、女性はだれもなかに入ることをしなかった。見ていると、コーヒーやお茶を所望する女子学生は入り口テラスの前に立ち、知り合いの男子学生がいれば彼に注文を頼み、そうでなければウエイターが気づいてくれるのを待っていた。そうして紙コップに入ったコーヒーなりお茶なりを受け取るのである。

ボルジュセドリアにあるサロン・ド・テ。「親父カフェ」とは雰囲気が異なる

グロ・モが聞かれないこうしたカフェであっても女性は立ち入ることをしない。チュニジアにあるカフェとは、基本的にそういうものである。

サロン・ド・テ

チュニジアの女性たちにも喫茶店ニーズはある。それに応えて誕生したのがサロン・ド・テである。明るくて西欧風で瀟洒なたたずまいをしており、カップルでも女性一人でも利用することができる。もちろん男どうしが入ってもよい。

チュニスのメインストリートであるブルギバ通りや、その少し先の、メディナがあるフランス門にまで通じる大通りにあるのは、ほとんどがこのサロン・ド・テである。地元密着型で固定客が中心の親父カフェとちがって、こちらは外国人観光客のほかに、首都チュニスを訪れたチュニジア人の家族やカップルが主な利用客である。

サロン・ド・テで出されるミント・ティー。コップに生アーモンドが入っている

チュニスのブルギバ通りにあるオープン・スペースのサロン・ド・テ

ふつうのカフェでもそうだが、とくに観光客を相手とするこうしたサロン・ド・テは歩道にテントを張り、そこにもテーブルや椅子を並べる。この場合、店は椅子の数に応じた税金を市に納めることになっている。革命前のベン・アリ政権下ではこうした税の取り立てが厳しかったらしいが、革命後、その徴収率は極端に落ちているという。
サロン・ド・テの客層は明らかに親父カフェのそれと異

なる。いい換えれば、裕福な階層に属する男女のニーズをもサロン・ド・テは満たしているようで、敢えて親父カフェを敬遠する彼らは、そこへベンツやＢＭＷで乗りつけたりもする。小さな子ども連れの夫婦客も多く、親父カフェではまず見られない光景である。反対にサロン・ド・テで大声あげて話をしたり、トランプやドミノに興じたりするグループもいない。そこでの料金は少し割高で、何を注文しても親父カフェの四、五倍の料金をとられる。内装や外装に投資し、いわば雰囲気を売っているのであるから、それもまた当然のことである。

第7章　チュニジアの新聞

フランス語紙雑感

チュニジアにはアラビア語とフランス語の新聞がある。英字紙はない。キオスクを覗くとアラビア語の新聞が一〇種類以上並んでおり、その脇にフランス語の三つの日刊紙が置かれている。それが『ラ・プレス』『ル・タン』『ル・コーティディエン』で、このうち『ル・コーティディエン』紙だけが、いわゆるフランス綴じのタブロイド判である。多くのアラビア語紙もタブロイド判で、真ん中のページの上をビリッと破いてから読むことになる。私が読んだのはもちろん、フランス語の新聞だけである。

いずれの新聞も一部が七〇〇ミリーム、日本円にして四〇円と少しである（二〇一二年まででは六〇〇ミリームであった）。ちなみにフランスの『ル・モンド』紙は二ディナールと、チュニジアの新聞の三倍ほどした。しかしこちらの情報量は一〇倍以上あり、決して高いとはいえない。

どの新聞もすこぶる旧式の輪転機を使っていて、記事に添えられた白黒写真はボヤけて、ほ

La Presse DE TUNISIE
ARTISANAT ET PETITS MÉTIERS
Des aides aux jeunes pour créer leurs projets
DOSSIER — LA TUNISIE DE LA RÉVOLUTION 2011 - 2014
Trois ans après...
Au bout du compte, la Constitution tant rêvée est toujours inscrite aux calendes grecques. Les familles des martyrs attendent encore de connaître les assassins de leurs fils et les islamistes obligés de reconnaître leur échec
ABÉCÉDAIRE
Les mots de la transition

革命３周年の日のラ・プレス紙。「３年を経て」という見出しで、新憲法の審議促進等を訴えている。新しい憲法は２週間後の2014年１月27日に採択された

とんど輪郭がはっきりしない。広告のページにあるカラー写真も同様で、青い海や空を背景にして写された美しいはずの白亜のマンションも、色がにじんで冴えないままである。なかを読むと、ほかの部分より小さい活字ポイントが使われている記事を見つけることがよくある。原稿の字数が多すぎて決められたスペースに納まらず、そのために取った窮余の策なのであろう。まったく同じ内容もしくは意味の文章が、同じページの上と下にある別々の見出しの記事に見つかることもよくあった。そういうのを目にするたび、チュニジアの新聞には紙面全体の編集を統括管理する、いわゆる整理部が存在しないようにも思えた。また日本の新聞ではあり得ないが、複数の新聞に、一字一句ちがわない長文の解説記事が載ることもある。

右のフランス語三紙のうち、『ラ・プレス』は革命前のチュニジアにあって、ほとんど政府の広報誌のような役割を果たしてきた。毎日欠かさず、その第一面の左上に当時のベン・アリ大統領か妻のレイラ夫人のカラー写真が掲げられ、彼らの動静を伝える記事が添えられていた。つまりはどの独裁国でも見られる、御用新聞の典型であった。この『ラ・プレス』は革命後も

しぶとく生き残ることになったが、もちろん以前の経営陣や編集の幹部はすべて解雇された。『ル・タン』や『ル・コーティディエン』は革命後に発刊されたか、それを機に息を吹き返した新聞である。

総じてチュニジアの新聞は、読んでいてあまり面白くない。というのは紙面の大半が、前日にあった会議や行事の報告で埋められているからである。国際会議や政府系の会議、大臣や政府委員の記者会見、労働組合や政党が主催する集会、などなどの報告が記事の主な内容で、これでは新聞でなく会議の議事録集ではないか、と思ったことがしばしばであった。たとえば「宗教と憲法」というテーマで国際会議が開かれると、ドイツやイタリアの元国会議員がどういう発言をしたとか、会場からはこういう質問や意見が出たとかが長々と書かれ、それで記事は終わってしまう。どのページを開いても同じような調子で、それゆえチュニジアの新聞記者というのは実に楽な商売であるなと、羨ましくさえ思ったほどである。どこで会議や集会があるかを事前に調べ、そこまで移動して適当なところに腰を下ろす。そうして耳にした発言の要点をまとめれば、それであらかた仕事は済んでしまうのであるから……。

といって、すべての会議が新聞で報告されるわけでもない。私は毎日の習慣としてバブネットという、チュニジアのニュースサイトを覗くことにしていたが、ある朝の出勤前、そこに短く、新しい環境保護法について審議をした前日の会議のことが載っていた。添えられた写真には環境科学大学での私の元カウンターパート、いまは環境大臣となったメミーアの懐かしい顔も見える。チュニスでは車の排気ガスによる大気汚染が相当に進んでおり、夜空を仰いでも僅かに一等星しか見えない。下を見れば足元に散らかるゴミの問題も深刻で、それゆえ新たな環境保護法の制定は急務の課題としてある。当然、その会議の報告記事があるものと期待して、駅前の店で『ラ・プレス』紙を買って読んだ。しかし当の会議のことを伝える記事はどこにもなく、そうしたニュースの取捨選択の基準も、私にはよく分からなかった。

作家の曽野綾子さんはかつてシンガポールにアパートを所有し、私がよく読んだ随筆集のテーマの多くは、現地の英字新聞の社会面で見つけたニュースやルポルタージュから取られていた。私もチュニジアにくる前、同じようなことを期待したのだが、議事録集のような記事ばかりで埋められている新聞では無理なようであった。

そうしたフランス語の三紙であるが、しかしその国際面となると、いずれの新聞も実に迫力に満ちた記事で埋められていた。とくに中東や北アフリカで起きた血生臭い事件の報道はすべて現地取材によるもので、海外特派員を持たないチュニジアのフランス語紙は、それら国際ニュースのすべてをＡＦＰの配信に頼っている。日本には戦場カメラマンという職業があるらしいが、ＡＦＰの特派員はとくにそうした肩書を云々することなく、戦場から実に生々しいニュースと写真を送りつづけている。

貧困をめぐる記事

ベン・アリ大統領の時代、報道の自由はなかった。チュニジアの新聞記者が自由な発想のもとに各地を巡り歩き、人や社会を取材して問題を抉り出すルポルタージュ記事を書くことなど、断じて許されなかったにちがいない。何かの事件があっても、その背景や全体像を的確に捉えるといった能力は新聞記者に要求されず、革命後もそうした記事を書くために必要なノウハウや基本的訓練を施されないまま、今日に至っているのかもしれない。そのため新聞は議事録集のようになってしまい、結果としてチュニジア社会を構成する一人ひとりの人間の姿というのが、それを通して浮かび上がってこないのである。また私が不思議に思ったのは、ある地方の村や町で起きた事件を伝える記事に、そこがチュニジアのどこにあるかを示す地図が例外なく添えられないことである。革命前に国の地図の掲載は禁じられ、身に着いたその習慣がいまも続いているのかもしれないと、そんな想像さえしてしまうほどである。

そうしたなか、二〇一二年の年が明けると、『ル・コーティディアン』紙に「チュニジア国内に七〇万人の貧困生活者」という記事が載った。いよいよ新聞も、この国が抱える重大な社会問題を分析するために自ら調査に乗り出したかと、私は大いなる興味を抱いてそれを読んだ。しかしその内容にはがっかりさせられた。

記事には次のような統計数値が示されていた（一ディナールは約六〇円）。

・二〇一〇年の一人当たり年間消費額は二六〇一ディナール（二〇〇〇年一四二四ディナール）

・二〇一〇年の貧困者率は一五・五％（二〇〇五年二三・三％、二〇〇〇年三二・四％）

・二〇一〇年の極貧者率は四・六％（二〇〇五年七・六％、二〇〇〇年一二％）

最後にある極貧者とは、年間の個人消費額が七五七ディナール（約四万五〇〇〇円）を下回る人をいう。ちなみに私がテクノポールの職員食堂で昼食を取り、夜は軽い食事で済ませるとしても、電車賃を含めて一日に最低五ディナールはかかった。年換算で一八二五ディナールになるが、これに住居費や光熱費は含まれていない。それゆえ一年を七五七ディナール以下で生活するというのは、ほとんど私には想像もつかない暮らしである。そういう極貧の人が二〇一〇年に比率にして四・六％、また年間消費額が一〇〇〇ディナールを少し上回る貧困者が一五・五％いたと、この記事はいうのである。

同じ数字は二〇〇〇年でそれぞれ一二％、三二・四％であったから、二〇一〇年までの一〇年間で、極貧者と貧困者の比率は半減したことになる。この半減の理由について、記事にはこう書かれていた。

二〇一〇年の貧困者率は一五・五％（七〇万九六七七人）で、二〇〇〇年の三二・四％、二〇〇五年の二三・三％と比較すると大幅に低下している。この貧困者率低下の原因は、二〇〇〇年から二〇一〇年までの間の消費額の増加に求められる。この期間に物価上昇を上回る消費額の伸びがあり、このことが貧困ライン以下にいるチュニジア人の割合を大幅に低下させたのである。極貧者の比率についても同じで、二〇〇〇年に一二％であったものが、二〇一〇年には四・六％にまで減っている。

この記事はいくつかの問題を抱えている。

まず第一に、個人の所得でなく、消費額によって貧困の定義をしていることである。その定義に従うなら、いかに高額の給与を得ている人でも、仮に一年を七五七ディナール以下で生活することになれば、極貧者のグループに分類されてしまうことになる。私自身も夏のラマダンのときはアパートに閉じこもって自炊生活をしていたから、そのときの消費額を考えると立派な貧困者になってしまう。それだけではない。所得が少ないがゆえの貧困者であるのに、その彼らがなぜ随意に消費額を増やすことができたのか、という点がよく理解できない。消費額を自由に増やせるなら、だれもがそうすればよいし、またそうするであろう。増やしたくても増やせないのが低所得の貧困者であり極貧者ではないのか、という根本の疑問は解消されることがない。

そして第二に、ジャーナリズムの根幹にかかわる問題がある。そもそもこの記事は革命前の一〇年間のことを話題にしている。たとえ新しい統計数値がなかったにせよ、革命前に行った調査で得られた統計数値と解釈とを、革命後に新しく生まれ変わったはずの新聞がそのまま用いて何かをいうことに、どれほどの意味があるのか、という問題である。右に引用した解説にもあるように、革命直前の一〇年間に貧困者率が半減したというのは、それはそれで結構な話である。ただ、そのことを伝えるために、わざわざ革命から一年を経た二〇一二年に当の記事を掲載したのであるとすれば、そもそもあの革命は起こす必要などなかったと、新聞がそう主張しているのに等しい。

革命前のベン・アリ政権時代、「年五％の経済成長率」という有名な決まり文句があった。毎年それを旧政府は公式の数値として世界に発表し、とくにEU諸国から「アフリカでもっとも安定した国」という称賛を受けてきた。しかし実際の成長率は不明なままである。右の貧困にかかわる統計数値と解釈も、前政権が自らに都合のよいよう操作したものかもしれず、そうした点を疑ってかからないチュニジアの新聞というのは、まだまだ革命前の呪縛から解き放たれていないという印象をぬぐい得ない。

ちなみに右の記事の最後に、チュニジア国立統計局、アフリカ開発銀行、それに世界銀行が当の調査にかかわったとの但し書きがあった。これもまた一驚に値することである。

暴動事件とその報道

私が実際に遭遇した事件とその報道についても、興味深いことがあった。

二〇一二年一〇月五日、午後三時過ぎにテクノポールを出て、郊外線の終点エリアド駅まで歩いた。駅に着くとふだんよりかなり多くの人が、ホームに立って電車を待っていた。切符を売る窓口を覗くと、係員はいなかった。郊外線が何かの理由で動かなくなると真っ先にいなくなるのは彼らだから、これはきっと何かあったにちがいないと思った。すると国鉄の職員らしき人がやってきて、今日はもう電車はこないとみなに告げている。あとで知ったことだが、ハマムリフで住民と警官隊が衝突し、郊外線の線路内で火が燃やされたことから、その日の運行は取りやめたという。

アパートへ帰るにはタクシーを拾わなくてはならない。ホームにいた人はみな一斉に、線路と並行して走る幹線道路の方へ降りて行った。そこでバスかタクシーかルアージュを捕まえるのである。これだけ多くの人がいてはとても乗れないと判断した私は、彼らとは逆の方向に向かい、いつもの路線バスが走る道路にまで戻ることにした。そうして幸い、テクノポール方面からきたタクシーを捕まえることができた。

この選択は大正解であった。郊外線の上に架かるループ橋を越えてタクシーが幹線道路に入ると、大勢の人が路肩に並んで手を振り、通過するわれわれの車に同乗させてくれと合図しているのが見えた。路線バスもストップしてしまったらしい。私もエリアド駅から幹線道路に降りていれば、同じ目にあっていたわけである。そして手を振る彼らにはまことに申し訳なかったが、だれも乗せられない事情がこちらにはあった。というのは、先ほどだれかと携帯電話で話をしていた運転手が、途中で後ろの座席に人を乗せるがそれでもよいかと横に座る私にいったからである。買い物に出た彼の奥さんと娘さんも電車に乗れず、ハマムリフ駅の手前で立ち往生しているというのであった。そうしてしばらくして無事、二人を後部座席に乗せて走り出

ハマムリフでの暴動の風景。幹線道路は完全に遮断されていた

した。お喋り好きらしい奥さんは後ろからしきりに私に話しかけ、あんた、怖がらなくても大丈夫よ、この辺りで何か騒ぎがあっても大したことにはならないからと、私を大いに安心させてくれたものであった。

ハマムリフ駅の近くまで行くと、道路は完全に遮断されていた。向こうを見ると路上で何かが燃やされ、黒煙が上がっている。その周りに大勢の人がたむろしていた。チュニジアにきて、はじめて目にする暴動の現場であった。直進できないので運転手は右に折れて狭い道路を行き、右や左に曲がったかと思うとバックもしたりして、めでたくハマムリフ駅界隈を通り抜けることに成功した。再び幹線道路に出ると、そこからは車の流れも平常に復し、五分ほどでアパートに着いた。多少のチップをはずんで車を降りると、辺りは平穏そのものであった。アパートのガードマンに向こうで騒ぎがあったよといっても、何も知らない風であった。

暴動はその日のうちに収束したようで、郊外線は翌日の朝から平常通りに動いていた。さっそく駅前の売店で『ラ・プレス』紙を買って読むと、暴動関連のニュースに半ページほど割かれていたものの、何が原因だったのかはよく分からなかった。記事の大半は現場にいたとされる失業者へのインタビューで埋められ、大学の英文科を出て一〇年になるが仕事に就けないでいる、といった内容のものであった。この大卒、英文科、失業者というのは実に便利な三点セットで、革命後、チュニジアの貧困地域で暴動や抗議デモがあったとき、現地の窮状や不満を伝えるのに決まって新聞記者が用いるのがこのキーワードであった。どこを切っても同じ顔の金太郎飴よろしく、そうした同じ内容の記事を二度三度と読まされるたび、ほんとうに現地で取材をして記者はこの記事を書いているのかと、いつもそうした疑念が頭をかすめた。実際、当の『ラ・プレス』の記事にしても、とくにハマムリフまでこなくても書ける内容のものであった。日本のネットサイトでたまに見つけたチュニジア報告も、こうした『ラ・プレス』紙の真似をしたものか、同じ三点セットを用いてこの国を暗く描き出すのが常であった。

結局、暴動の原因は分からずじまいであった。郊外線がストップしたことも書かれていなかった。私は当の暴動の主導者が、後述するイスラム教スンナ派のサラフィスト・グループであることを恐れていた。もしそうであるなら、ハマムリフでよく食事をしたりする私は、それまで以上に身辺の安全に気をつける必要があったし、またＪＩＣＡ事務所にも報告して、同僚ボランティアに注意喚起をしてもらうことも必要であった。そんなことを考えるうち、ひょっとしたらと思い立って、私は試しに『ル・コーティディアン』紙を買うことにした。そこにも郊外線のことはやはり何も書かれていなかったが、前日の暴動について短くまとめた、次の記事を見つけることができた。

昨日、以前からハマムリフのダール・エル＝ベイを占拠していた住民が警察隊に排除された。住民は「極悪の生活条件に抗議して」タイヤやマットレスに火をつけ、国道一号線を封鎖した。現場にいた人の話によると、排除されたのは約二二〇世帯で、そのうちのほとんどが生活困窮者であるという。彼らはボルジュセドリア地区にある空室の開放を要求し、それが受け入れられない場合、当地でプロパンガスのボンベを爆発させるなどといって威嚇した。彼らの投石に対して警察は催涙ガス弾を使用し、ハマムリフの中心部では午後遅くまで緊張がつづいた。

ダール・エル＝ベイとはハマムリフの駅前にある大きな建物で、窓という窓のガラスが割られたまま放置され、貧民窟のような外観を呈していた。ベイとはオスマン・トルコ時代の地方長官（最後期は世襲制になっていた）で、チュニジアが共和制へ移行すると同時に廃止された。ダール・エル＝ベイはその長官公邸で、独立後、初代大統領のハビブ・ブルギバがその打ち壊しを命じ、爾来、家のない生活困窮者が住みついてきたところである。それで暴動原因の大まかなところが理解でき、サラフィスト・グループが関与していないことも分かって胸をなでおろした。ただ残念なことに、そもそもなぜ警察が昨日になって突然、そこの住人たちを追い出す手立てに出たのかという大元のところは、分からないままであった。

『ラ・プレス』紙と数独

『ラ・プレス』紙に「笑うページ」（La Page qui rit）という娯楽欄があった。何種類かのクロスワード系パズルとホロスコープ（星占い）、フランス小噺、それにＳＵＤＯＫＵ（数独）の問題が載っていた。

私にフランス語のクロスワードパズルが解けるわけはないから、このページで挑戦するとすれば数独であった。時間がかかるのでたまにしか解かなかったが、何かのきっかけで二〇一二年の二月から三月の終りまで連日、行き帰りの通勤電車のなかで問題とにらめっこをした。驚いたことに、どの問題も難しかった。それもちっとやそっとの難しさでない。三つか四つのマスは埋められたが、あとがつづかない。まるっきりダメなのである。なんという難問をラ・プレス紙は出すのかと、ほんとうに驚いてしまった。その二カ月間で完全に解けたのは二度ほどで、恥ずかしながら勝率は〇割四分、プロの野球選手ならとっくにクビになっているところである。紙面は「笑うページ」とあるが、とても笑ってなどいられない。まさにトホホの連続であった。

それにしても毎日毎日、どうして『ラ・プレス』はこんな難問ばかりを出すのか、ふつうのチュニジア人はこれを易々と解いているのか、そう思って私はうなった。数独ゲームの考案者は日本人である。同じ国に属する人間として、少々自尊心を傷つけられたような気にもなった。

それが四月に入ると一転、「笑うページ」の数独はとんでもなく易しい問題ばかりとなった。

とくにそれからの一カ月間というもの、五分もあれば解けるような、ちょっと人を小バカにしたような問題がつづいた。

それでどうやら事情が呑み込めた。この新聞の編集者は、日替わりで難易度の異なる問題をシャッフルして入れ替えるといった、そうしたサービス精神をまるで持ち合わせていないのである。どこかから仕入れてきた数独問題のストックを、もとから並んでいる順に易しいものから難しいものまで、そのまま載せているだけなのである。それゆえストックが残り少なくなると、おいそれとは解けない超難問ばかりがつづいてしまったのである。これもチュニジア人の、仕事の仕方を実によく示している。よくも悪くも、やっぱりここはチュニジアなんだなあと、ほとほと私は感心してしまった。

この数独の話には余談がある。

二〇一二年の春休み、地中海に面した観光都市マハディアにあるホテルに、一週間の逗留をした。三度の食事に加えてビールやコーヒーがいつでも飲める、いわゆるオールインクルーシブ・スタイルのホテルである。休暇をチュニジアで過ごす外国人客にはドイツ人が多く、このホテルでも、ロビーから食堂に通じる通路に掲げられた観光ツアーやホテル・エンターテイメントの案内は、すべてドイツ語で書かれていた。ロビー横のサロンにあるテレビが映し出すのも、決まってドイツの放送局の番組であった。平均の年間労働時間が一六〇〇時間と極端に少ないドイツの労働者にとって、長い有給休暇を過ごすのにチュニジアの低料金で泊まれるホテルは理想的なのであろう。

そのホテルのサロンでビールを飲んでいると老夫婦がやってきて、私が座るソファーのすぐ横に腰を下ろした。ちょうどサロンのテレビはドイツの刑事ドラマをやっていて、それに反応を示した二人に、あなた方もドイツ人ですかと尋ねると、そうだという。そして夫の方が私にチャイニーズかジャパニーズかと聞いたあと、手にした数独問題の冊子を見せ、いまこの六つ星の難しい問題集をやっているところだと、いかにも愉快げに、そしてちょっぴり自慢げにいった。

それを聞いて、私は『ラ・プレス』紙の数独を思い出した。ちょうど難しい問題がつづいていたときのことで、マハディアに向かう列車のなかで見た問題も解けなかった。それでそのドイツ人に、あの新聞にあるのは難問ばかりだから挑戦してみてはどうですかと、もう少しで口にしそうになった。しかしその人の話す英語はほとんど片言だったから、まさかフランス語の新聞を買って読むわけはないなと思いなおし、何もいわないでおいた。

それからチュニスに戻って数日後、『ラ・プレス』紙を見て驚かされた。右にも書いたように、五分で解ける簡単な問題になっていたからである。『ラ・プレス』紙の数独が難問だなんて、あのドイツ人にいわなくてよかったと私は胸をなでおろした。もし彼が実際に『ラ・プレス』を買ってこの数独問題を見たとしたら、なんだ、日本人にはこんなのがむずかしいのかと、きっとバカにされているに相違ないからである。

第8章　チュニス郊外線

日本の国際協力事業

チュニス郊外線は首都チュニスのバルセロナ広場にあるチュニス駅を起点とし、南に下ってベン・アルー県のハマムリフ駅を通ってエリアド駅に至る、総延長三〇キロほどの路線である。全部で一八の駅があり、冷暖房完備の快適な電車が走っている。

二〇一二年四月に路線の電化工事が完了し、これが国際協力事業であったことから、その開通式にはチュニジアの首相や運輸大臣のほか、日本、フランス、韓国の大使も列席した。架線工事はフランスのアストロムが担当し、車輛は住友商事を通じてヒュンダイ・ロテムが納入、心臓部のモーターは三菱電機製であった。また設計と施工の全体をわが国の日本工営が監理し、そのためであろう、郊外線の架線や電柱や碍子のたたずまいを眺めていると、まるで日本にでもいるような、そんな懐かしい気分にさせられたものである。

郊外線の電化は当初、二〇一一年の九月に予定されたが、実際は右の通り、翌年の四月にまでずれ込んだ。それまではディーゼル機関車が客車をひっぱり、赴任して最初の一年間、私もそれに乗って日々の通勤をした。写真にあるのがそのディーゼル機関車で、最初にこれを見たとき、よくもまあこんな年代物がまだ走っているものだと驚かされた。何十年も前に導入されたものらしく古色蒼然としており、とっくに博物館行きか廃棄処分になっていてよいほどのものであった。客車も同じぐらいに古びた時代物で、ボディーは薄汚れた上に錆つきもしていて、外装の剥がれた箇所も多々見られた。窓から何から砂埃にまみれ、洗車も消毒も久しくなされていない様子がうかがえた。

古色蒼然としたディーゼル機関車と客車。最初の１年間、筆者はこれに乗って通勤した

ディーゼル時代の客車の扉はもともと、列車がスピードを上げ下げするときの慣性力を使って、自動的に開閉がなされていたものらしい。しかしそれも正常に機能せず、乗り降りの際は乗客自ら、かなりの力を使って扉の開け閉めをした。それでも開かない閉まらないというのがしょっちゅうで、夏場は開けっぱなしでもそう気にならなかったが、冬の寒い日に冷たい風がどっと入ってくるのには往生した。さきほど開いた扉が次の駅では開かないこともよくあり、慌てた乗客が向こうの扉まで移動

する間に列車が発車してしまい、次の駅まで運ばれてしまうということもしばしばあった。

そうしたディーゼル車に代って近代的な電車が登場したのである。「国民はこの日を待ち望んでいました」と開通式で当時のジェバリ首相が述べたように、新しくなった郊外線はそれまで以上に庶民の足として、沿線住民の日常生活に溶け込むこととなった。この「庶民の足」というのは決して言葉の綾でない。前の章でも触れたように、チュニジアのエリートたちは公共交通機関でなく自分の車で日常の移動をする。そのことは郊外線が電化時代を迎えても変わらず、利用客の大半はやはり庶民の人たちであった。終着駅のチュニス駅とエリアド駅には電化工事完成の記念プレートが設置され、日本が進めた国際協力事業であることが銘記されている。わが国の技術協力と援助がチュニジア人の日々の生活に貢献している現場を見るのは、一人の日本人ボランティアとして誇らしい限りであった。車内で乗り合わせた見知らぬ人から日本の協力を感謝されたことが何度もあったが、そのたびに嬉しい気持ちになったものである。

2012年4月に営業運転を開始した新型電化車輌。ボルジュセドリア駅で

このチュニス郊外線の特徴として、まず乗車賃の安さを挙げることができる。それ以外の特徴となると遺憾ながらネガティブな性格のものばかりで、たとえば遅延の常態化、無賃乗車の横行、安全管理システムの欠如、などが挙げられる。ハード面は立派になったものの、ソフト面がそれに追いついていないといえる。郊外線を利用するなかで、そうした側面は否応なく私の目についた。よくいえばチュニジア人の大らかさ、悪くいえば彼らの大ざっぱさが、そこから透けて見えるようであった。以下、私が見たところをあれこれ書き連ねることにするが、大らかなチュニジア人からは大きなお世話だ、放っておいてくれといわれるかもしれない。しかし私にすれば、面白くてならなかったことばかりである。

郊外線の二大特徴——安さと遅れ

日本人の感覚からして、チュニス郊外線の乗車賃は驚くほど安い。また電車は必ずといってよいほど遅れるから、一、二分の遅延でイライラする日本人は、この点でも驚かされるにちがいない。こうして安さと遅れがチュニス郊外線の二大特徴であるが、そのいずれも国鉄本線を含めた、チュニジアの鉄道すべてに当てはまることである。

乗車賃がどれほど安いかを日本円になおして示すと、チュニス駅から一八駅先の終点エリアド駅まで乗って五〇円である。私のアパートは九つ目のリセ・エザハラ駅にあり、チュニス駅からそこまでは四〇円であった。またリセ・エザハラ駅からボルジュセドリア駅または終点の

チュニス駅構内にある電化工事完成の記念プレート。左上に日の丸が見える

エリアド駅までは三〇円で、その間の往復切符を買ってテクノポールへ通った私の一日の電車賃は六〇円、ちょうど一ディナールであった。郊外線の料金体系はその三つだけで、したがって切符は三〇円と四〇円と五〇円の三種類しかない。実感としては日本の料金の一〇分の一程度で、公共料金の値上げはしないという革命後の政府の方針に基づき、電化後も乗車賃は据え置かれたままであった。

こういう安い料金体系に慣れてしまうと日本に帰国したとき、一種の浦島太郎状態に陥る。たとえば成田空港に着いて成田エクスプレスの新宿行き切符を買おうと、私は自動発券機に千円札を一枚入れた。それで十分だと思ったからである。しかし器械は何の反応も示さない。二枚入れても、三枚入れても切符は出なかった。私は心配になってきた。間違って往復のボタンを押したのではないかと。四枚目を入れてやっと切符が出てきたが、三千円を少し上回るその金額を見て空恐ろしくなった。それはチュニジアでは五〇ディナールを上回る額で、それだけ出せばチュニスから四〇〇キロ以上離れた終点ガベスまでの、一等の往復切符が買えてまだお釣りがくる。あるいは自宅に戻って健康診断を受けに病院へ向かったとき、電車でたった三駅乗っただけなのに料金は二五〇円であった。そのときもコインを入れながら思ったものである。向こうでこれだけ出せばサラダつき鶏肉四分の一《アン・キャール・ド・プーレ》と豆スープの昼食が食べられ、なおその上にコーラを注文してまだお釣りがくる、と。電車に乗るたび料金をチュニジア・ディナールに換算する癖は、帰国して三カ月ほど過ぎるまで直らなかった。

　もう一つの大きな特徴である電車の遅れについても触れておこう。郊外線の時刻表には夏時間と冬時間、それにラマダン月時間の三種類があった。しかしその通りに電車が各駅を発着することはあり得ず、したがって時刻表はあってないに等しかった。遅延の原因には数多くの要素が絡んでいて、どこをどう改めれば定時運行が可能になるのか、特定することは難しい。

　たとえば動き出した電車が数メートル行ったところでホームに駆け込み、運転士に手を挙げて乗車の意志を告げる人がいる。するとたいてい電車は止まって、その人を乗せてあげる。いかにもチュニジアらしい、大らかな光景である。チュニス駅を除いて郊外線の駅に改札口はなく、人はどこからでも自由に、つまりは切符なしで出入りができる。運転士に合図をしたその駆け込みの客も切符は持っておらず、二つか三つ先の駅に着くとそのまま降りてしまう。結果的に運転士は無賃乗車の手助けをしたことになるが、これもチュニジア人の大らかさの証しである。そうしていくつかの駅でこれが繰り返されると、電車はどんどん遅れることになる。

　乗客がホームで列をつくれないことも、遅延を招く要因の一つである。到着した電車の扉が開くと、われ先に乗ろうとその真正面に人が群がり、降りる人をブロックしての押しあいへしあいがはじまる。何事にも大らかであるはずのチュニジア人が、降りる人を待つということができないのである。しかもそんな大混雑が生じるのは真ん中の車輌だけに限られていて、向こうの扉ではすでに乗り降りは完了している。そうした光景が各駅で繰り返されると、電車は当然、遅れざるを得ない。といって、利用客の少ない時間帯でも電車は必ず遅れてくるから、何がその大元の原因であるかはよく分からない。

郊外線が国鉄本線の南北線とレールを共用していることも、遅れの要因の一つと考えられる。やはり時間通りに走ることのない本線の列車があらぬ時間に割り込んできて、そのたびに郊外線は通過待ち停車を強いられることになる。たとえばチュニスから三〇〇キロ南の港湾都市スファックスを活動地とした同僚ボランティアの話によると、チュニス駅を出た列車が定刻通りスファックス駅に着いた例は一度もなく、必ず二時間か三時間の遅れが出たという。私がよく利用したスース行きの長距離列車も、毎回きっかり一時間、遅れるのが常であった。それなら遅れに合わせて時刻表を書き変えた方がよいのではないかと、いつも思ったものである。

といって私自身、郊外線が遅れて困ったことは一度もない。定刻通りに着いて何かよいことがあるわけでもないし、格安の料金ゆえ、文句をいったら罰が当たる。あてにならない時刻表も慣れれば何ともなくなるし、くるはずのない時間に電車がやってきてくれたりもするから、決して悪いことばかりでない。

切符は途中下車前途有効

郊外線の駅窓口には小型のサーマルプリンターがあり、名刺ほどの大きさの薄紙に、行き先と発券時刻が印字される。これが切符で、裏にはチュニジア国鉄の小さなロゴマークがびっしり並んでいる。

例として次ページに六枚の切符を掲げておく。図1は二〇一二年一〇月二三日の日曜日、リセ・エザハラ駅で一一時四六分に購入した片道切符である。左右にフランス語とアラビア語で乗車駅と降車駅が、下に大きな活字で一三時四六分と、二時間後の失効時刻が日付けとともに記されている。この日は南のモナスティールまで行く用事があり、チュニス発の長距離列車に、二駅向こうのハマムリフ駅で乗るために買った切符である。たった二駅向こうだから、車内で検札に出くわす確率は極めて低い。切符なしでも乗れたのだが、しかしやはり外国人である身、僅か三〇円を惜しんで面倒を起こしてはならないと、肝に銘じて買った切符である。見ての通り切符は無傷のままで、車掌は検札に回ってこなかった。

この切符を私はハマムリフまでといって買ったのだが、行き先は八駅向こうの終点エリアドとなっている。二駅先でも八駅先でも料金は同じなので、窓口の係員は五〇〇ミリームで乗れる最遠のエリアド駅までの切符をくれたのである。こちらが告げた行き先駅を記した切符をくれることもあるが、どこ行きであれ五〇〇ミリーム以内ならエリアド駅までの切符を出した方

図1　片道切符

図2　往復切符1

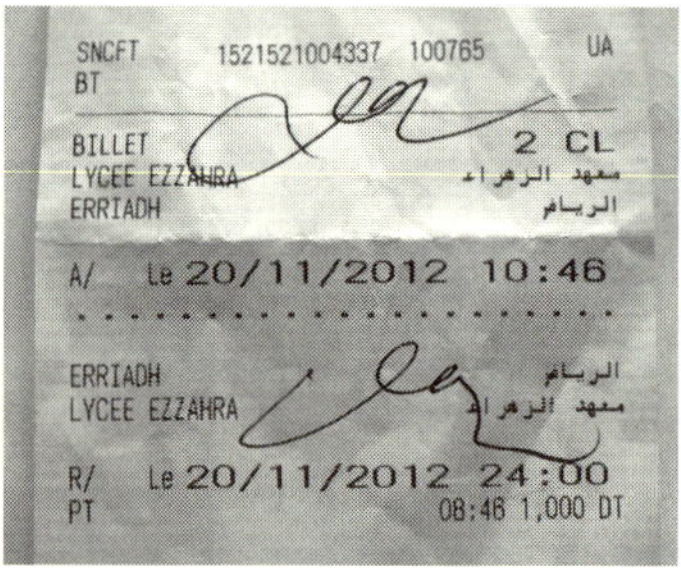

図3　往復切符2

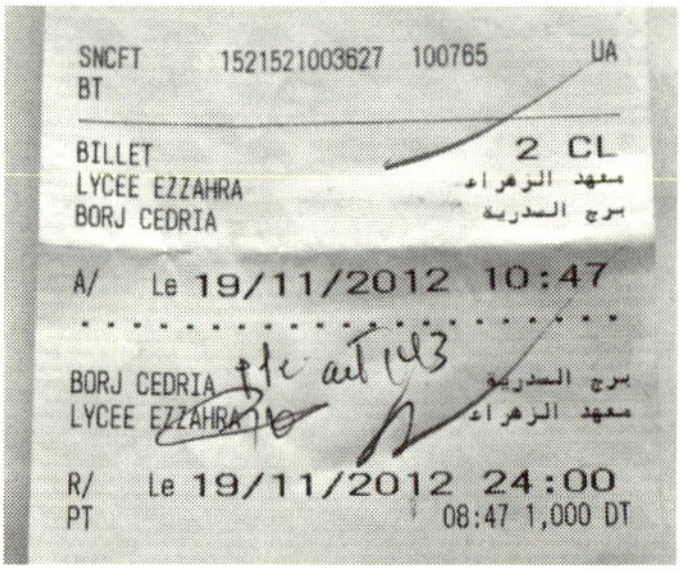

図4　往復切符3

図5　エリアド駅の切符1

図6　エリアド駅の切符2

が、サーマルプリンターを操作する係員の手間が省けるのであろう。

そこで日本人である私は考えるのである。切符は降りた駅で回収されず、失効時刻になるまで有効である。それゆえ検札チェックの入ってない右の切符を、ハマムリフの駅でだれかに譲ってあげれば、その人は二時間という制限時間内に問題なくエリアド駅まで行ける。チュニスからの帰りにリセ・エザハラまでの切符を買っても、行き先は必ず四つ先のタハール・スファール駅になっていた。途中下車前途有効であるから、これもリセ・エザハラ駅で誰かに譲れば、その人は四駅向こうまで乗ることができる。

エリアド駅では二〇一三年の春まで、活字印刷された独自の切符を使用していた。料金別に色が異なり、私はいつも五〇〇ミリームの一区間だったので緑色であった。日付けはふつうゴム印で押されたが（図5）、時には手書きのこともあった（図6）。面白いのはゴム印の年号によく誤りがあったことで、二〇一三年が翌年になっていた。エリアド駅のこの色切符に、発券時刻は記されない。ということは、検札に会わない限り、切符は当日の二四時まで有効で、その気さえあれば片道ながら、何度でも乗車が可能となる。

というわけで、すこぶる大らかな切符システムではある。

次に往復切符であるが、こちらのシステムはもっと大らかで、往路の有効期限は二時間後だが、復路のそれは二四時までとなる。

図2は未検札の往復切符である。切符の九割近くがこのように無傷なままで、言葉を換えれ

ば九割がた、私は切符なしに往復ができたということである。一方、図3と図4は往路復路の双方に検札チェックが入っている。実は私は、往路と復路の両方で検札にあったことが一度もない。図3は、復路の検札でついでだからと、車掌が往路部分にもチェックを入れたものである。逆に図4は、往路の検札なのに誤って復路にチェックを入れてしまい、そこにアラビア語で断り書きがしてある。ともあれこんな風に、上下にチェックが入った切符を見るというのは、なかなか珍しいことである。

ところで図2の往復切符の復路に、検札チェックが入っていない。つまりこの切符は復路に限って、その日の二四時まで有効である。車内検札については次項で述べるとおり、それを避ける方法はいくらでもある。そのことを前提として、二つの駅でそれぞれ往復切符を買うことにする。すると復路は二四時まで有効であるから、検札に会わない限り一日中、両駅の間を行き来できることになる。

右のようなことはあくまで、私が日本人だから考える理屈上のことである。実際、あの大らかなチュニジア人が、そんなことを思いついて実行に移すとはとても思えない。ただ、それだけに却って、日本人とチュニジア人との考え方のちがいを考えさせられる。こうした大らかな切符のシステムは、収益性を重視する日本の電車では到底、望み得ないものである。

大らかな車内検札

二〇一一年の夏、まだ郊外線がディーゼル車だったころ、ベルベル族と思われる母子連れが一五人ほど、ひと塊りになって座席に座っていた。エザハラ駅の外れにある海沿いの荒れ地で、テント暮らしをしている人たちである。列車がチュニス駅を出てしばらくすると、検札に回ってきた車掌が、そのうちの年配の女性に切符の提示を促した。持っていなかったのであろう、車掌はしばらく言葉を交わしたあと、何事もなかったようにそのまま向こうへ行ってしまった。切符を買えないこういう人たちがいるのもチュニジア社会の現実である。彼らについては何らかの制度的な救済策を考える必要があろう。

郊外線駅の連絡橋。階段が急で利用する人はいない

問題は、切符が買えるのに無賃乗車をする人である。そういう人たちは実に多いが、しかしその彼らも悪気があってそうするのでなく、結果的にそうなってしまった、というケースがほとんどである。

郊外線で改札口があるのはチュニス駅だけで、そこではホームに通じる入り口で係員に切符を提示しないと、

リセ・エザハラ駅で。壁の落書きは政治絡みでなく、サッカーの応援メッセージ

なかに入れてくれない。切符がないとホームに絶対入れないかといえばそうでもなく、係員がいない降車口の自動扉が開くのを待って、そこから入ればよい。あのベルベル族母子の一行もそうして入ったのであろう。ボルジュセドリア駅ではときどき、降車の客に切符の提示を求めることがあった。バス停に通じる出口が一つしかないこの駅だからできることで、ほかの駅では不可能である。そのボルジュセドリア駅にしても、これから乗る人に切符の提示を求めることはなかった。

改札も、降車後の切符回収もないから、料金徴収において車内検札の業務は、極めて重要な意味を帯びてくる。しかしそのやり方を見ていると、これがまたいかにも大らかなのである。

私が観察したところ、車内にいる乗客の三分の一ほどは、切符を持っていない。その人たちは車掌から切符を買うことになるが、その際、加罰的な追加料金は徴収されない。そして車掌が検札に来なければ、切符を持たないその人たちは、そのまま目的駅で降りてしまう。前に触れた駆け込みの客と同じで、悪意でなく切符を買う暇がなかったからそうなってしまった、というわけである。そういう人たちが実に多く、こうして郊外線はかなりの部分、ただ働きの奉仕活動をしていることになる。いい換えれば、受益者負担の公平原則がないがしろにされているのである。

回ってきた車掌に短く何かを告げるだけで、検札をパスしてしまう乗客も多い。それが定期券を購入した人なのか、無料で乗車できる兵士や兵役中の人、あるいは警察官なのか、私には分からない。しかしたとえそういう人たちであっても、身分証か何かの提示を求めるのが筋だと思うが、車掌がそうすることはない。そのようにして何か告げるだけで検札をパスする人を見て、それは不公平だと、切符を持つ客が訴えたりすることもないから、私としてはまあ、それはそれでいいのだろうと納得せざるを得ない。

切符を持たずに乗車しても、検札から逃れる方法はいくらでもある。もっとも簡単なのは混雑した電車を選ぶことで、たとえば朝夕のラッシュ時に車掌が検札に回ってくることはまずない。それ以外のときは、たとえば真ん中の車輛に乗ればよい。たとえ車掌が二人組で検札にくるにしても、乗客を前後から挟み撃ちにするといった姑息な手段は絶対に取らない。前から後ろからか、とにかく彼らは同じ方向から連れ立ってやってくる。それを見かけたら逆の方向へと移動し、次の駅で降りて車掌のいない別の車輛に乗り移るか、あっさり後続の電車を待つかすればよい。

車掌がする検札は、一方向への一回限りである。それが終るとたいてい、最後部の車輛の座席に座っている。車掌が客用の座席に腰を下ろすことなど、わが国では考えられないことだから、それを見て日本人の私だけが目を丸くすることになる。そうしていったん座席に座ると、そのあといくら乗客の乗り降りがあっても、車掌は関知しない。その電車での彼の業務は終ったのであり、これまた実に大らかな仕事ぶりである。最重要の車内検札がこれでは、チュニス郊外線は得るべき利益の、相当部分を失っているように思える。

そういう私も、実は郊外線で無賃乗車をしたことがある。もちろん意図的でなく、乗り越し料金の払い方にかかわる問題から、結果的にそうなってしまったということである。

前にも述べたとおり、私はリセ・エザハラ＝エリアド間の往復切符を買ってテクノポールに通った。ある日、急にチュニスへ行く用事ができ、ボルジュセドリア駅の窓口でその往復切符と三五〇ミリームを差し出し、チュニス行きの切符に変えてほしいといった。ボルジュセドリアからチュニスまでは八五〇ミリームで、そこから復路分の五〇〇ミリームを差し引いたのが三五〇ミリームである。係員は一瞬、きょとんとした顔をした。言葉でなく、私のいいたい意味がまったく通じなかったらしい。改めて差額のことを説明すると、ダメです、それはできませんという答え。係員によれば、当の往復切符で乗れるのはリセ・エザハラ駅までで、チュニスへ行くには改めてリセ・エザハラ＝チュニス間の料金六五〇ミリームを払う必要があるという。それでは往復切符で乗り越しをする場合、ふつうなら八五〇ミリームのところを一一五〇ミリーム払うことになり、いかにも不合理であると反論したが、もちろん聞き入れてはくれなかった。

それからも数回、テクノポールからの帰りにチュニスまで行くことがあったが、敢えて窓口へ行って追加料金を払うことはしなかった。車内検札で六五〇ミリームを払えば同じことであり、そうすることで、少なくとも窓口まで行く手間が省けた。そうして五回ほど往復切符でチュニスまで行ったが一度も検札にあわず、結果的にリセ・エザハラ＝チュニス間の無賃乗車をやってしまうことになった。あるいはまた一度だけ、リセ・エザハラ駅に着いたら電車がきていたので、切符を買わずにそれに飛び乗ったことがある。車内で買うつもりでいたが車掌はやってこず、このときも結果的に無賃乗車をやってしまった。それらを合わせると全部で四ディナール、日本円にしておよそ二百五十円ほどのタダ乗りを、私はチュニジアでしたことになる。

二年の間、郊外線を利用しながらこう思ったものである。私がチュニジア人なら切符を買わずに乗る。車掌がくれば切符を買うし、こなければそのまま降りればよい、と。実際問題として車内検札に会う確率は極めて低く、そうした現状のなか、ふつうの人なら二駅か三駅向こうへ行くのに、敢えて切符を買う気にはならないと思う。悪気はなくとも、である。そうしていったん目的駅のホームに降りれば電車とは無関係の人となり、大手を振って駅をあとにすることができる。こうした乗り方がとくに珍しくないことを、果たして郊外線の経営陣は承知しているのであろうか。

安全管理と乗客サービス

郊外線に乗って、アレッと思うようなことに何度も出くわした。もっとも、アレッと思うのは私だけで、車内にいるチュニジア人はとくに何とも感じていないらしい。そうした彼らの反応にもアレッと思ってしまう自分に気づいて、何とも可笑しかった。

たとえばチュニス駅に向かう電車が残り一キロほどの地点に差し掛かると、到着ホームが空くのを待つためであろう、たいてい信号が赤になって電車は一時停車した。その際、乗務員が開閉ボタンを押すのか勝手にそうなるのか、一斉にドアが開いてしまうことがよくあった。ドアは再び動き出すまでそのままで、その空いたドアから、決まって何人かの乗客が線路下に下りることをした。これが日本でなら大きなニュースとなり、だれかの責任問題にまで発展しているところである。逆に電車のドアが閉まらず、そのまま走りつづけることもよくあった。ディーゼル時代は開いたままで走る方がふつうであったから、だれもそれを異常だとは思わないのだろう。これも日本でなら、立派な車輌事故である。

このドアの異常は、せっかちな乗客の行為に原因があるのかもしれない。郊外線車輌の扉口横の内と外に黄色いボタンがあり、それを押すとドアの開閉ができる。それが備えられるに至ったほんとうの理由はよく分からないが、夏の暑い日など、冷房を効かせた車内に熱気が入らないよう、ドアを閉めてホームで発車待ちをしている電車の場合、たしかに役に立つ装置である。いずれにせよ、ふつうは乗客がわざわざそれを押す必要はないのだが、電車がホームに入ってもう止まろうかというとき、外からも中からも盛んにボタンを押す人がいる。電車通学の中高生など、動き出した電車と並走しながら面白半分に開閉ボタンを押して遊んだりもする。そうした繰り返しが重なって、ドアの開閉を制御する電気系統にくるいが生じたのかもしれない。

ところで、そのドアの開け閉めは車掌でなく、運転士がやる。チュニス郊外線に車掌はいるが、彼らが電車の運行そのものに関与することはない。つまり郊外線は実質的に、ワンマンカーなのである。

通常、電車は四輛編成で、朝夕のラッシュ時には、それを二つ繋いだ八輛編成が走る。八輛編成ともなるとかなりの長さになるが、運転士はどんなに人がホームにあふれていても、発車するに当って窓から顔を出して、後方の安全を確認したりはしない。運転席にいる彼はまずいったん、当てずっぽうに扉を閉める。例によってホームではラッシュ時の押し合いへしあいがつづいている。そのうち乗客がなんとか車内に納まるまで、運転士は実に一〇回ほどドアの開閉を繰り返す。このとき車掌がホームに出て安全確認をするわけでも、そうした任務を負った係員がホームにいるわけでもない。これまた日本人にすれば信じ難い光景だが、それでいて事故が起きたという話はついぞ聞かないから、それもまあ、それでいいのかなと私などは思ってしまう。

アレッと思ったことはまだほかにもある。たとえば運転士がホームのどこに電車を停めるかは、そのときどきによって一定しない。日本の駅には停止線があり、運転士が電車を停める位置に一〇センチほどの誤差もないであろう。その停止線が、チュニス郊外線のどの駅にもないのである。八輛編成ならホームのかなりの部分を塞ぐのでそう大した問題はないが、四輛編成の場合、極端に前に停まったり後ろに停まったりするので、そのたびに乗客は扉口まで急いで駆け出すことになる。運転士がどのあたりに電車を停めるかは、そのときの彼の気分で決まってしまう、としかいいようがない。

また郊外線では朝の七時台と午後の五時台に一本ずつ、いわゆる快速電車が走る。エリアド駅発の快速ならハマムリフまで各駅に停車し、そのあと三駅向こうのエザハラ駅、次いで二駅向こうのラデス駅に停車したあと、終点のチュニスまで直行する。私が降りるリセ・エザハラは通過駅なので、ハマムリフ駅で後続の電車を待つことになる。このとき困るのは、自分が乗っているのが快速電車なのかどうか、分からないことである。快速であることを示す表示はなく、チュニジアではその種のサービスはまず望めない。その上、電車はダイヤ通りに動かないことから、たとえばいまエリアド駅に停まっているのが快速なのかどうか、確かめる術がない。仕方がないのでとりあえず乗ってしまい、ハマムリフ駅に着いて耳をそばだてる。短いアラビア語のアナウンスを聞いて急いで降りる客がいれば、それが快速電車だと見当がつく。それでも失敗してエザハラ駅まで連れていかれ、そこから歩いて帰る羽目に何度も陥った。午後五時台の快速電車はいつもガラガラで、乗客の混雑具合を事前に調査した上で走らせているとはとても思えなかった。そうしたことも郊外線の経営陣がよく承知しているのかどうか、はなはだ疑わしい限りである。

アレッと思ったものの最後に、車内アナウンスについて触れておこう。

郊外線に、日本の車内アナウンスに類したものはない。駅名を告げる車内アナウンスは、ないことの方が一般的である。それでいて途中の駅から突然、思い出したようにはじまることもある。録音された駅名アナウンスはすべて女性の声で、それには次の三種類があった。

・駅名だけを告げる。
・駅名の前にマハタ（駅）をつける。
・駅名を告げたあとにシュクラン（ありがとう）を加える。

これに車内放送なしを加えると、四つのケースがあることになる。なぜ一つに統一しないのか、そのあたりも日本とチュニジアの国民性のちがいを感じさせる。駅や車内でのアナウンスが多すぎるといわれる日本が一方の極端であるとすれば、アナウンスが皆無に近いチュニジアは他方の極端に位置する。何かの理由で電車がしばらく動かなくなっても、事情を説明するアナウンスは一切聞かれない。かくしてチュニジアから帰国して東京の地下鉄に乗った私は、「この先、揺れます」のアナウンスを耳にして感動してしまった。

車掌たちのプロ意識

郊外線の終点エリアド駅には、ホームを挟んで二本の線路がある。使用するのはそのうちの一本だけで、電車が駅に進入するときのポイント切り替えの手間を省くといった、何らかの技術的な理由があってそうしているであろう。それはそれでよいのだが、ダイヤの乱れでときどきこの終着駅に二本の電車が、立てつづけに到着することがある。そのとき先に着いた電車は奥の格納庫付近まで退避し、後続の電車に線路を空けることになる。そのために一度、日本ではまず起こり得ない珍事に私は遭遇することとなった。

ある日のテクノポールからの帰り、エリアド駅に着くとタイミングよく電車がホームに入ってきた。そのまま折り返しチュニスに向かうものと思った乗客が、私を含めて三〇人ほど、それに乗り込んだ。しばらくして扉が閉まると、前に進むと思いきやバックしはじめ、格納庫に向かって走り出した。ホームを見ると黒っぽい制服姿の車掌がいて、だれかと話に夢中になっていた。

電車が格納庫の手前で停まると、一斉にドアが開いた。例によって何のアナウンスもない。みな訳が分からず互いに顔を見合わせていたが、そのうち一人二人と、外に降りはじめた。下までは一メートル以上の段差があり、若い人たちが手を貸し、年配の女性客を降ろした。そうして全員が下に降りると、二〇〇メートルほど向こうのホームを指して歩き出した。怒声を上げたりする客は一人もおらず、そうしたことに妙に感心しながら、私もホームに向かって歩いた。

ホームにはあとから着いた別の電車が停まっていた。一同、前後してホームに上がり、半分ほどが電車に乗り込んだところで、あろうことか扉が閉まった。乗り終えた人もホームに取り残された人も、扉横にある黄色い開閉ボタンを押したり声を張り上げたりして、どうにか扉を開けさせることに成功した。そうして全員が車内に入り、前の車輌へ移動して行くと、驚いたことに先ほどホームで立ち話に夢中であった車掌が一人、座席にちょこなんと鎮座ましましていた。さすがにこれを見た乗客の怒りは心頭に発し、なかには車掌に掴みかからんばかりにして文句をいう人もいた。

大雨や事故、あるいはストライキがあって郊外線がストップすると、まっ先に駅からいなくなるのが切符売場の職員である。立ち去る前に運休を知らせる貼り紙を出すといった気遣いを、彼らが示すことはない。車掌は車掌ですでに述べたとおり、検札の仕事以外は乗客の安全確保も含めて、とくに何もしない。あるいは右のように、これから退避する次発電車に客が乗り込むのを見て何もいわず、自分だけ先発電車に乗る車掌もいる。

そうした窓口職員や車掌のことを私は当初、国鉄職員としてのプロ意識に欠ける人たちと見ていた。しかしそれは恐らく的外れな見方で、彼らは託された狭い範囲の仕事を、ただその通りにこなしているだけなのである。環境科学大学の事務職員がそうであるように、郊外線の職員もチュニジア社会特有の、狭い分業の論理に支配されているのである。

郊外線がまだディーゼル車であったころ、テクノポールに向かう朝の列車で車掌に声をかけられた。いつもの検札だと思って読んでいた新聞を脇に置き胸のポケットに手をやると、いや、そうじゃないんだといいながら、その車掌は私にこう尋ねた。

「この郊外線にいつ電化の車輛が走るのか、あんたは知ってるかね」

「いいえ、はじめは去年の九月だと聞いていたけど、それ以上のことは知りません」と私。

「うん、それがもう二月だしね。日本人のあんたなら知ってると思って訊いたんだけど」

そのとき私は思ったものである。車掌に電化計画の詳細は何も知らされていない。いや恐らく、彼らはそういう情報を伝えるべき対象として、そもそも数のうちに入っていないのではないか、と。

現場で起きている問題を最もよく知る立場にあるのが車掌である。その彼らを狭い分業の枠

エリアド駅で格納庫と車輛を写したつもりの写真。散乱するゴミは途上国に共通する深刻な問題である

に閉じ込めておくのは、いかにももったいない。むしろ経営者は彼らを巻き込み、それぞれの立場から広く業務上の提言ができる機会を与えれば、それによって郊外線の収益やサービスは一段と改善されるにちがいない。

日本が国際協力事業としてつくり上げた郊外線という仏に、チュニジア人自身の手で魂を入れてくれるよう、私は願ってやまない。

第9章　街角コラム

ハマムリフのお爺さん

ハマムリフにある行きつけのサンドイッチ店でプーレを食べていると、えんじのトルコ帽に長い外套をまとったお爺さんが一人、足元をふらつかせながら入ってきた。二言三言、レジ前にいるマスターと言葉を交わしたが、後で考えると、お金の持ち合せがないと告げていたのかも知れない。お爺さんは若いウエイターに手を引かれて、端っこのテーブルに腰を下ろした。しばらくするとその前に、丸い小さなパンが置かれた。私は一度も食べたことがないが、なかに鶏肉の詰め物をしたサンドイッチの一種で、およそ二〇円ほどの安いパンである。ふつうはテイク・アウトして歩きながら食べる、間食のようなものであった。

両手で押しいただくようにしてお爺さんはそのパンを食べはじめた。またさっきのウエイターがやってきて、ひと掴みのフライド・ポテトをテーブル上の紙ナプキンに乗せた。そのあとお爺さんがパンを食べ終えるまでずっと、マスターやら他の年配のウエイターやらが入れ替わり立ち替わりやってきて、お爺さんの肩や腕を擦りながら、ニコニコ顔で話しかけていた。お腹がすいたら遠慮しないでいつでもくるんだよ、とでもいっているようであった。水の入った紙コップも若いウエイターが運んできて、そうしたサービスはふつうの客相手にはやらないだけに、いろいろ気を使っている様子がうかがえた。

そばのテーブルで食事をしていた婦人が、その一部始終を見ていた。そして帰り際にいくらかのコインを、お爺さんのテーブルにそっと置いた。こちらのテーブルで食事をしていた親子連れもお爺さんのことが気になったらしく、あれは何事かと、母親が小声でマスターに尋ねていた。そしてやはり帰りがけに、その人も何がしかのお金をそっとテーブルに置いた。

ハマムリフのサンドイッチ店。この店ではサラダ付きのプーレ（鶏肉）しか食べなかったので、そのうち、何もいわなくてもそれを出してくれるようになった

そうした光景を眺めながら、店のウエイターも客たちも、みんな親切でやさしい人たちばかりだなと私は思った。革命前のかれこれ四半世紀もの間、独裁者のマフィア一家がこの国の富を独占し、好き勝手なことをしてきた。そんななか、庶民はこうして互いに助け合いながら生きてきたのであろう。そう思うと、不覚

にも私は涙を流しそうになった。

　思えば混雑した電車やバスのなかで、私はよく席を譲られた。自分もいよいよそんな齢になったかと思うと複雑な気がしたが、考えてみると日本で席を譲られたことは一度もなく、そう思うとさらに複雑な気持ちになった。チュニス郊外線がまだディーゼルであったころ、客車の乗降口とホームの間にかなりの段差があり、重い荷物を持った人が乗り降りするとき、必ずだれかが手助けをした。電化されてからも、ベビーカーに赤ちゃんを乗せた母親などがいると、必ずだれかが手を貸した。どの駅にも歩道橋はあるが、階段が急で利用する人はいない。向かいのホームへ渡るにはいったん線路下に降りることになるが、それは規則で禁止されているので、ホームに上がる階段は設置されていない。そのため年配の人や女性が線路下にいると、必ずだれかが上から手を差し出したり、後ろから押し上げたりした。私も何度かそういうことをさせられたが、助ける人も助けられた人も何事もなかったかのように、互いにさっと別れるのがこの国での作法であった。

　チュニジアには優しい人が多い。こんな国の人は早くみんなが豊かにならなくてはと、彼らを見ながらつくづくそう思ったものである。

深夜の音楽

リセ・エザハラのアパートで生活をはじめたころ、夜ごと聞こえる音楽に驚かされた。

入居して一カ月余りが過ぎた六月のある日、夜の八時を過ぎると西の方角から音楽が流れてきた。遠くからの音だが、それだけに却って、ボリュームを最大限まで上げていることが知れた。零時をまわっても音楽はつづいたが、アパートの窓は閉め切ってあるので、安眠を妨げられることはなかった。チュニジア音楽に特有のリズミカルな打楽器音は、むしろある種の心地よささえ感じさせてくれた。

ただ、どうして夜中に音楽を流すのか、そこのところがよく理解できなかった。愛知県にある私の家の前の天満宮広場でも、毎年、盆踊りが近づくと連日連夜、スピーカーから盆踊り音頭が大音量で流される。それに合わせて中学生たちが太鼓打ちの練習をするのだが、これがはじまるとわが家では窓を閉めないとたいへんなことになった。ここチュニジアでもそれと同じような、夏のコミュニティ行事を音楽入りでやっているのかもしれないなと、はじめはそんな風に思っていた。

やがて三日ほどすると音は途絶え、また一週間ほど静かな夜がつづいた。すると今度は南の方角から、また深夜にリズミカルな音楽が聞こえてきた。これも三日ほどつづき、そのあとまた静かになった。

七月に入ってのある夜、前とは比較にならないぐらいの大音響をともない、また音楽が聞こえてきた。アパートのベランダからは見えないが、音源はすぐ近くにあるらしい。意を決して外に出て、音のする方向へと歩き出した。広い空き地を通って一〇〇メートルほども行く

近くのアパートの屋上での披露宴風景。ラマダンを前にした深夜に大音響の音楽が流された

と、煌煌と明かりの漏れる家が目に入った。大きく開け放たれた入り口から赤や黄色の、原色のカクテル光線が飛び出していた。夜の住宅街にあって、そこだけが大火事で燃えているようにも見えた。家からは光とともに、大音量の音楽が流れ出ていた。少しいるだけで難聴にでもなってしまいそうな、すさまじい音の洪水であった。光が強すぎて家のなかはよく見えなかったが、人びとが両手を上にかざして、ベリーダンスに興じている模様であった。そこでようやく得心がいったが、その家は結婚の披露宴をしている最中で、聞こえてくるのはダンスのための音楽であった。日本で同じことをやればすぐ警察が呼ばれるにちがいない。フランス人なら、軍隊を呼んでいるかもしれない。

夜の音楽はまた別の日、午前零時を過ぎてから突如はじまった。間断なくスピーカーから音楽が流され、止んだのは午前三時に近かった。最後の締めくくりに、何台もの車が一斉にクラクションを鳴らし、その大合奏が終ってやっと静かになった。近所に住む人はとても寝てなどいられないであろう。といって、どの家もいずれは同じことをするかもしれないので、そこはお互い様ということかもしれない。

昔のチュニジアの写真集を見ると、披露宴の場にはいつも十人ほどからなる楽隊が控えていて、やはり派手な演奏をしていたらしい。それは単に宴を盛り上げるだけでなく、広く近隣の人たちに婚儀のことを知らせてだれかれなく食事をふるまうための、格好の合図となるものだったのであろう。そういう古来からの伝統が様式を変え、楽隊は近代的な音響機器にとって代わられた。といって、各家庭に大型スピーカーとアンプの一式があるはずもないから、自宅で披露宴をやるときは、どこかから借りてこなければならない。つまりは結婚式産業が、すでにこの国でも以前から成立していたのである。

チュニジア中部のスース市に住んだときも、夜になってベランダに出ると、いつもどこかから音楽が聞こえてきた。近くからであったり、遠くからであったりしたが、ときにそれは夜中の二時ごろまでつづいた。それが披露宴のものかどうか判然としないが、人家の少ない田舎ならともかく、チュニスやスースのような大都市に住むチュニジア人が、こうした夜中の騒音をいつまで許すのだろうかと思った。教育レベルや社会経済的水準と大いに関係があるこの問題は、社会学的な見地からしてたいへん興味深いものである。そして私の個人的な感想をいえば、年とともに自宅でする大音響の披露宴は、減りつつあるように思えた。

結婚式場で

自宅で大音響をともなう披露宴を催すのは、どう考えても近所迷惑な話である。そのことを自覚するチュニジア人が増えたためであろう、各地に結婚披露のパーティーを行う専用の施設がつくられて今日に至っている。それは独立した建物であったり、住宅街から遠く離れた野外施設であったりする。通常、結婚の披露宴は新郎新婦のそれぞれの実家で、三日か四日をかけて数回行われるという。私が招待されたのはそういう家どうしのものでなく、縁者や友人知人を数多く招待する、食事なしの披露宴であった。

二〇一一年に、同僚のシニア・ボランティアのフランス語の先生が結婚し、その披露宴があった。後学のため直接関係のない私も、一緒に会場まで連れて行ってもらうことにした。会場は付近にこれといった人家のない、チュニス市の西のはずれの、大きな湖のそばにあった。サッカーコート半分ほどの芝生地にステージが設けられ、そこここに、真っ白な椅子とテーブルが置かれてあった。なるほど、ここならいくら大音響でがなりたてても大丈夫である。招待状には二〇時三〇分の開宴とあり、われわれ日本人仲間は遅れないよう急いで会場までタクシーを飛ばしたが、着いてみるとそこには数人の招待客しかいなかった。二二時を少し回ったところで、派手に飾られた車で新郎新婦が到着した。まさにチュニジア時間で事が進行したが、ほとんどの客もそのことはよくわきまえており、主役の二人が会場に着く直前になって、やっと集まり出した。われわれは翌日の予定があるので午前零時に退散したが、宴はおそらく未明近くまでつづいたことと思われる。

男性の招待客には普段着のままの人が多かったが、ほとんどの女性客はきれいに化粧をし、長いドレスをまとっていた。フランス語の授業を受けて新婦をよく知っているはずのわが同僚ボランティアであったが、花嫁がする独特の厚化粧のため、ちょっと見では本人かどうか分からなかったという。ひょっとしてこれは会場を間違えたかなと、一瞬、不安になったともいっていた。

野外に設けられた披露宴会場で

ステージではプロのクインテットが生演奏をはじめた。アクセントのあるリズムがアラブ音楽の命であり、そのためドラムス、小太鼓、ボンゴと、打楽器奏者が三人も揃っていた。演奏はステージの両側にある大型スピーカーを通して、これでもかというほどの大音響をともなってつづけられた。それに合わせて、列席者は踊りに踊った。

来賓の祝辞や友人の挨拶といった、型にはまったことは一切なかった。要するにみなで陽気に踊ることが、披露宴における唯一の式次第であった。新郎新婦がフロア

結婚式場で肩車をされて踊る新郎。手前で新婦も踊っている

に降りれば、その後ろに踊りの列ができる。ステージに上がれば彼らを囲んで、また踊りの輪ができる。そのうち新郎は友人に肩車をされ、その姿勢で広げた両の手を左右に振りながら、周りの踊りに合わせる。ダンスに決まった振り付けはないようで、ベリーダンスのような動きを男女それぞれが自由に、思い思いの形でやっていた。イスラムの国のこととて、もちろん披露宴の場にビールはもとより、アルコールの類は一切出ない。つまり彼らはみな素面のまま、二時間も三時間も踊り続けるのである。これには実際、驚いてしまった。

翌二〇一二年の冬、ソーニャが親類の披露宴に連れて行ってくれた。会場はハマメットという観光地に建てられた結婚式場で、彼女が住むグランバリアから貸し切りのバスで出かけた。

披露宴に出るのは二度目だから、とくに驚くようなことは何もなかった。やはり式次第の類はなく、参列者がステージで演奏する音楽に合わせて、和気あいあいに踊るのが披露宴のすべてであった。このたびはシックステットによる演奏で、打楽器奏者は四人もいた。室内ホールでの演奏なので、耳に痛みを感じるほどの大音響であった。こうした仕事をつづける楽団のメンバーは耳栓なしで大丈夫なのだろうかと、そんな心配までするほどのものであった。

開演の定刻を少し遅れて、赤の派手な車に乗った新郎新婦が到着し、二人が二階の会場まで階段を上るところから、民族衣装をまとった楽団の演奏がはじまった。やはり改まった挨拶など一切なく、会場のそここで踊る人の輪ができた。ソーニャの子のマラムとラッセルが私の手を引いて、その踊りの輪に招じ入れた。新郎新婦の両親をはじめ、みなとても楽しそうであった。

こうして午前二時ごろ、宴はお開きとなった。またグランバリアまでバスで戻り、ソーニャの車でアパートに戻ったのは朝の三時過ぎであった。帰るソーニャを見送りながらふと空に目をやると、オリオン座と冬の大三角が輝いているのが見えた。

ヘナとタトゥー

ハマムスースは、私が半年間暮らしたスースの隣にある観光の町である。そこにはエル・カンタウイという有名なプレジャー港があり、スースからそこまでは一時間ごとに、路上を走る観光客用のトロッコ・バスが走っている。港にはヨーロッパやオーストラリアの船に並んで、日本からきた豪華ヨットも係留されており、瀟洒な土産物店やレストランが立ち並んで、いつも大勢の観光客で賑わっていた。

手の甲に花柄を描いていく。その素早いテクニックは見事である

しかし華やかな賑わいを見せるのは港とその周辺だけで、それ以外のハマムスースは完全にローカルな生活が営まれる土地であった。そんなところを日本人の私が歩くと、珍しいものがきたとでもいうように、地元の人にじろじろ見つめられるのが常であった。

サラー君はこのハマムスースに住む物理学専攻の大学院生で、マンガで日本語をマスターしたという特異な人であった。自宅での食事に招いてくれたとき、それまで私が目にしたこともない日本のマンガ本やフィギュアをいっぱい見せてくれた。これぞ日本の若者文化のオタク、といってもよいほどの青年で、母親は昼食にクスクスをつくってくれたが、夜はサラー君が私のためにといって、タコ焼きと焼きそばを用意してくれた。アクセントを別にすればふつうに日本語を話すサラー君にとり、私の日本語クラスは易しすぎて退屈であったと思うが、それでも熱心に授業の手助けをしてくれ、とくにほかの受講生に日本語学習への動機づけを大いに与えてくれた。

そのサラー君の友達の女性がヘナの店へ行くというので、一緒に連れて行ってもらった。ヘナとは女性が飾りとして手の甲に描く花柄模様のことで、色も形も抹茶とよく似た薄緑色の粉を材料に使う。以前にガベスという南の町へ行ったとき、立ち寄った市場の店でその粉を見たことがある。お茶と間違えてこれを飲むと大変なことになると、店の小父さんが説明してくれた。とくに結婚式や祭といったハレの日に、女性はヘナの模様を手に入れてもらう。

模様そのものは披露宴の会場で、花嫁の手に描かれたものを間近から見ていた。しかし模様を描く現場を訪れるのは初めてであった。それまではセルロイドの板に模様をくり抜き、上からヘナを塗りつけると思っていた。実際は見事なひと筆描きで、一つひとつの筆の動きから、きれいな花びら模様が出来上がった。およそ一〇分ほどで仕上がり、その鮮やかなテクニックには感心してしまった。

手のひらにもヘナを入れた花嫁

女性は手の甲だけでなく、手の平にまでヘナをつけて黒くする。手の甲に模様を入れるのはそれなりに理解できるが、手の平となると油汚れのようにも見えて、それをよしとする審美観に私は驚かされた。街なかでもときどき、手の平にヘナをした女性を見かけたが、そのたびに不思議な感じに打たれた。文化の違いというものを、直に教えられた思いである。

初代大統領ハビブ・ブルギバの名をいただく通りは

チュニジアのどの都市にもあり、スースでは国鉄の駅から海に向かう大きな通りがそれであった。そこを多くの外国人観光客が散策やショッピングで行き交い、その彼らを相手に、歩道に小さな机と椅子を置いたヘナの露店がいくつも出ていた。露店の小母さんたちはヘナとはいわず、刺青を意味するタトゥーという言葉を用いて客に呼びかけをしていた。その方が外国人には分かりよいからであろう。

スースからもう少し南へ下ると、やはり大きなプレジャー港を備えたモナスティールという観光都市がある。そこの港の入口近くに土産物店が並んだアーケード街があり、そのなかにも一軒、ヘナの店があった。店の前にはさまざまな模様のヘナ写真が所狭しと並べられていて、それを見ているだけでも面白かった。

ヘナ・タトゥーと書かれた外国人向けの大きなポスターを見ると、女性は手だけでなく、二の腕にも足にもヘナで模様を入れることが分かった。ポスターには男性のヘナ写真もあり、いまやタトゥーは無頼の世界と縁遠いスノッブ的文化としてあるから、三週間ほどもすれば消えてしまうヘナは男性にも喜ばれ、ヨーロッパからの観光客には結構な需要があるのかもしれない。

ヘナの色は黒だが、モナスティールをもう少し南へ行ったマハディアのホテルで、赤や青の模様を足や頸に入れた、男女のドイツ人客を数多く見かけた。あれはヘナでなく、本式の入れ墨であったのだろう。ふつうのドイツ人がそうしてタトゥーを入れるのも奇異な感じがするが、それもやはり彼我の文化の違いによるものであろう。

カスバの女

大学の日本語講座や日本文化クラブの例会で、若い学生たちにときどき日本の歌を聴かせた。頼みにしたのがインターネットのユーチューブで、教室でそれにアクセスし、あらかじめ選んでおいた音楽動画を、パワーポイント用のプロジェクターでスクリーンに映し出して聴かせた。日本の歌なら何でもよいわけでない。チュニジアはイスラムの国であり、肌の露出が多い女性歌手の動画は控えることにした。日本人好みの別れの曲も、チュニジアの学生にはなぜ別れるかの意味が理解できないだろうから、やはり不向きであった。

そうして歌詞をフランス語に訳し、歌の中身を説明しながら繰り返し聴かせたのが、山本順子『卒業写真』、バンバン『いちご白書をもう一度』、それに都はるみ『好きになった人』の三曲であった。初めの二曲はいずれも学生時代の思い出がテーマになっており、メロディーの良さに加えて歌詞にも同感できるところがあるらしく、とくに女子の学生たちは曲に合わせて肩を左右に揺らし、そうしてリズムを取りながら聴き入ってくれた。

都はるみの『好きになった人』は、大きな劇場で行われたコンサートでの録画である。渋い色の振り袖に大きな太鼓帯を締めた都はるみが満面に笑みを浮かべ、大きな舞台の上を所狭しと駆けめぐりながら歌い踊っている。とくにこの歌の跳ねるようなリズムの明るさは、打楽器を中心とするチュニジアの歌に比べても遜色がない。それに加えて、歌詞の日本語も短いフレーズのものばかりだから覚えやすく、おまけに動画には歌詞の字幕までついていた。――日本語には主語や人称代名詞がないこと、日本語の会話文では終助詞（ね、よ、わ）が重要な役割を果たすこと、あるいは動詞が二つつづくとき、前者がいわゆる「―て形」を取ること、といった文法上のことがらを理解させる上でも、この『好きになった人』の歌詞は格好の日本語教材となった。

そうしてユーチューブで見られる音楽の動画ファイルを検索するうち、世に「昭和歌謡」と称される一群の流行歌のあることを知った。そこには一九六〇年代を中心にヒットした懐かしい歌謡曲の名曲が並んでいて、そのうちの一つに『カスバの女』があった。この曲を教室で学生に聴かせることはしなかったが、なかなかの名曲である。

『カスバの女』は昭和三〇（一九五五）年、『深夜の女』という邦画の主題曲として、エト邦枝という歌手が初めて歌ったものである。それがなぜかまったくヒットせず、おまけに当の映画も完成を見ないままお蔵入りしてしまい、それがためエト邦枝は歌手生活からも引退してしまった……といった話を、私はあちこちのネットサイトを覗く中で知った。おそらく曲も歌詞も、昭和三〇年という時代の雰囲気にそぐわなかったのであろう。

それが昭和四二（一九六七）年になって緑川アコという歌手がカバー・レコードを出して大ブレイクし、サラリーマンたちが盛んに呑み屋などで歌ったという。当時、私は食うや食わずの貧乏学生をしていてテレビなど見たこともなく、この歌をじっくり聴いたという記憶はない。それでも「ここは地の果てアルジェリア」という、その歌詞の有名な一節を知っているからには、多分、この緑川アコが歌うのをラジオなどで耳にしていたのだと思う。その後、沢たまき、藤圭子、ちあきなおみ、青江三奈、八代亜紀、坂本冬実といった錚々たる歌手たちが次々とカバー・レコードを出し、それぞれにファンを集めてきた。その中でとくに私の気に入ったのが、梶芽衣子という人が歌う『カスバの女』である。たとえば藤圭子が歌うとアルジェリアでなく、新宿や池袋あたりの湿気に満ちた呑み屋街の風景が頭に思い浮かんでくる。それが梶芽衣子となると、北アフリカはマグレブ地方の、あの乾き切って雑然とした石造りの街並みにピッタリの雰囲気が醸し出されるのだから不思議である（そうした北アフリカの雰囲気になじむもう一つの歌として、久保田早紀『異邦人』がある。とくに二番の歌詞がいい）。

『カスバの女』の歌詞を書いたのは久我山明という人で、この人はアルジェリアへは一度も行ったことがないという。そこから類推するに、久我山さんは多分この歌詞を、往年の映画『モロッコ』にヒントを得て作ったのではないかと思う。実際、中世に造られた城壁内にあるメディナの石畳の上を歩いていて、ふと『カスバの女』の歌詞が頭に浮かんだりすると、これはこれは遠いところまで来てしまったなという感慨に打たれたものである。そしてしみじみ、作詞家の想像力というのはすごいなとも感じ入った。

それはそれとして……、

スース市のカスバ。中は古代のモザイク画を集めた考古学博物館になっている

カスバというのは北アフリカの都市に設けられた防禦用の城塞で、その内部は居住地区になっていることが多い。チュニジア北部にあるビゼルト市では、北フランスの観光地オンフルールと雰囲気がよく似た「旧港」のすぐ脇に、高い石壁で囲まれたカスバを見ることができる。その内側の全体が住宅になっていて、中は狭い通路が迷路のように入り組んでいる。チュニジア中部のスース市にも、聖地ケロアンの防御用に造られたカスバがあり、わたしは毎日、その高い壁を横目で眺めながら大学まで歩いて通ったものである。

世界で最も有名なカスバは、件の歌の舞台となっているアルジェリアの首都アルジェにあるそれだとされる。そして先の大戦中や植民地時代、この国にやって来たヨーロッパ人がそこのカスバに「酒場」をつくり、そこで「女」が働いていたのかも知れない。が、この「酒」と「女」に関してコーランには特別の戒めがあり、イスラム教徒にすればそれこそはた迷惑の限りであったことだろう。それに『外人部隊』『モロッコ』『カサブランカ』その他の、北アフリカを舞台とした映画のいずれを思い返してみても、欧米人どうしの勝手な都合だけがテーマになっていて、昔からそこで生活をしてきたムスリムたちは存在しないも同然の扱いを受けている。まったく、他人の家に勝手に上がり込んで何をしているのか、というのが、こうした映画を見て抱くムスリムたちの感想であろう。

長くフランスの保護領としてあったチュニジアは比較的容易に独立を遂げたが、植民地化されたアルジェリアでは悲惨な独立戦争が十年近くもつづいた。そこでのフランス人の権益が比較にならないほど大きかったからである。映画『シェルブールの雨傘』も、徹夜をして読んだフォーサイスの『ジャッカルの日』も、この独立戦争に関わったフランス人の話であり、仮にこの戦争がなければ生まれていなかった作品である。

ともあれアルジェリアのムスリムたちにすれば、「カスバの女」もへったくれもないであろう。また彼らには大都市アルジェこそが世界の中心であって、そこを「地の果て」などというのは、まこと大きなお世話であるに違いない。

そういうことを考えると、この歌をチュニジアの学生たちに聴かせるのは、とてもできることでなかった。

自動小銃の話

最近はどこの国の空港へ行っても、自動小銃を手に見回りをする兵士や警察官の姿を見かける。チュニジアでは空港に限らず、市街地でも自動小銃を抱えた警察官や兵士を目にする機会

チュニスのイギリス領事館の前で警護をする警察官

が多い。各国の大使館や領事館、それに政府の重要な施設には、必ず小銃を持った警察官が警備用に配置されているからである。チュニスの中心部にあるハビブ・ブルギバ通りは、デモがよく行われるという意味においても市のメインストリートである。そこにある内務省の前には警察官だけでなく、装甲車も配備されて完全武装の兵士が幾人もたむろしている。

ＪＩＣＡ事務所に近いモハメッド五世通りに英国領事館があり、そこでも自動小銃を持つ警察官が常駐していた。入り口の前で立ったり座ったりし、ときにはタバコを吹かすなどして、いつ見ても手持無沙汰な様子であった。ブルギバ通りに通じるその前の道路は人や車の往来が多く、また領事館に出入りする人も絶えることがないので、それなりに気の紛れることはあるかもしれないが、いずれにせよ時間消費型の、気疲れの多い仕事である。

ある日、アントニヌスの共同浴場を見に行こうと、ＴＧＭという電車に乗ってカルタージュ・ハンニバルの駅で降りた。そこからしばらく歩くうち、道に迷って海辺に出てしまった。辺りはひっそり閑として、道を訊こうにも人が通らない。ふと横を見ると、白い壁に囲まれた大きな屋敷の入り口に、エジプト大使公邸という看板が見えた。となると、必ず警護の警察官がいるはずだと思って辺りを探すと、海側の壁沿いにできた日陰にその人はいた。丁寧に道を教えてくれたその警察官はよほど話し相手が欲しかったものか、自動小銃を小脇に抱えたまま、なかなか私を解放してくれなかった。なるほど、人気のないこうした場所での警護というのは、市街地でのそれよりずっと気疲れのする辛い仕事であるなと同情を禁じ得なかった。

あるとき、チュニスの日本大使館に用事があって行くと早く着き過ぎてしまった。こういう場所では取り決めた時間にならないと、警備の警察官はなかへ入れてくれない。時間つぶしに大使館前の道を少し向こうまで歩くと、扉にきれいなエンブレムを掲げたスウェーデン領事館があった。何枚かそこで写真を撮ると、それを大使館前にいる若い警察官が見ていたらしく、戻った私に撮った写真を消せという。私はカメラのボタンを押して当の写真を数枚見せ、こんなものを撮ったところで何が問題なのか、だいたい撮影禁止などというのはベン・アリ大統領時代の旧《ふる》いなごりで、いまのチュニジアは変わったのではないかと抗議すると、不思議なことにそれで収まってしまった。

そんなことがあって、その警察官とはちょっと仲良しになった。ややあって、きみが肩に下げているその銃はカラシニコフかと訊いてみた。ノンといいながら、彼は別の名前を教えてくれたが、私にはよく聞き取れなかった。さぞかし重いんだろうねというと、そう、三・五キロあるという返事。なかに実弾が籠めてあっていつでも撃てる状態にしてあるのかと訊くと、彼は首を振りながらズボンの後ろポケットに手をやり、緩やかに湾曲した長さ三〇センチほどのカートリッジを取り出した。そうして、撃つときはこれをこう装填するんだといい、実際にやって見せてくれた。一秒とかからない早業で、なるほどその方が暴発の危険が避けられ、理にかなっているなと感心した。はじめて見るそのカートリッジは内側に青色をしたプラスチックケースがあり、金色をした長細い実弾が五〇発ほど、二列にきれいに並んでいた。是非とも写真に収めたかったが、大使館の建物でさえ撮影するなというほどだから、許すはずはないと思って諦めた。

ＰＬＯの事務所跡

チュニス郊外線のボルジュセドリアから、チュニス寄りに二駅行ったところに、ハマムシャットの駅がある。そこの駅前通りを一〇分ほど歩くと、地中海のきれいな浜辺に出る。その浜辺に面した一角にかつて、ヤセル・アラファト率いるＰＬＯの事務所があった。一九八二年のこと、レバノンをパレスチナゲリラの拠点とみなしたイスラエルは、ベイルート周辺に激しい爆撃を加えた。そのためＰＬＯはベイルートからの撤退を余儀なくされたが、受け入れてくれる国がなかなか見つからず、行き場を失っていたところを、チュニジア政府が手を挙げてハマムシャットに土地を提供したのである。

一九八五年九月、イスラエルのヨットがヤセル・アラファトの創設になるファタハに襲撃され、数名のイスラエル人が殺害された。その報復としてイスラエルはヤセル・アラファトの殺害を企図し、事件から一カ月足らずの一〇月一日、「木の脚作戦」と名づけてハマムシャットのPLO事務所を爆撃した。二〇〇〇キロ向こうから空中給油機を従えた、十数機の戦闘機による爆撃であった。大学の教員から聞いた話では、このときイスラエルの艦船も砲撃を加えたというが、当日、アラファト議長は外出していて命拾いをしている。こうしてチュニジアはイスラエルに領海を侵犯された上、国土に爆弾さえ投下されたのである。しかし若い兵士の命を無駄にする遺恨の戦いを、イスラエル相手に挑まなかったのは幸いであった。爆撃事件は国連の安全保障理事会に持ち込まれ、イスラエル非難の決議に国連史上はじめて、アメリカを賛同させることにチュニジアは成功している。

このPLO事務所爆撃の話をはじめて聞いたのは、環境科学大学のイメッドからであった。彼の車でアパートまで送ってもらう途中、ハマムシャットの駅前を通過し、ここの海岸で以前、こういうことがあったと教えてくれたのである。そのとき私は、それはアラファト議長がまだテロリストだったころの話だねとイメッドにいった。すると彼はかなり不満げな口調でこう反論した。

「いや、それはちょっと違う。日本人だって、アメリカの戦艦に突っ込んだカミカゼをテロリストと呼んだりはしないだろう、それと同じだよ」

イメッドのような政治的に穏健なチュニジア人であっても、パレスチナ人は大事なアラブの

空爆を受けたハマムシャットのPLO事務所跡

同胞であり、ことイスラエルに関してはアンチになってしまうようであった。

後にＰＬＯ事務所の廃墟を訪ねて行った。場所が分からずにうろうろしていると、向こうから小型のバンがきたので道を尋ねてみた。すると運転していた人は助手席に乗れといい、そのまま現場まで連れて行ってくれた。車を降りるとき、この廃墟は記念のために残しているのかとその人に訊くと、いや、ここは私有地で、持ち主がそのままにしているだけだろうということであった。

制憲議会選挙が近づいた二〇一一年一〇月のある土曜日、チュニスの日本語補習校で授業を済ませた後、食事をしようと駅近くのレストランに入った。食事前にバーのカウンターに座り、ビールを飲みながらカメラをいじくっていると、二人のチュニジア人が私を選挙取材の日本人ジャーナリストと間違え、声をかけてきた。郊外線沿線に住む日本のボランティアだと自己紹介をすると、それは奇遇だ、自分たちはハマムシャットに住んでいると、嬉しそうにいった。それで自然に、私の方からＰＬＯ事務所爆撃のことを訊くことになったが、あの爆撃では六五人が死亡し、そのうちの二五人はＰＬＯと関係のない、地元のチュニジア人だったということであった。

相手の一人はアジスといい、彼は話のなかで何度も、ハマム・プラージュ（プラージュはフランス語で海岸の意味）という言葉を使った。それはどこの海岸のことかと訊くと、ハマムシャットだという。それで私が手帳にハマムシャット・プラージュ（Hammam Chatt Plage）と書くと、それを見たアジズ、笑いながらこういった。

「シャットはプラージュの意味のアラビア語だから、それだとハマム・シャット・シャットになってしまうよ」

ふーん、とわたしは大いに得心しながら、それじゃあエザハラの近くにあるハマムリフはどういう意味かと問うた。すると「ハマム」は温泉でリフは「鼻」、つまり鼻がスッキリする良湯だよと教えてくれた。なるほど、こういうことは人に聞くまでは絶対に分からない。いろんなことを教えてもらったようで、その夜はずいぶんと得をした思いであった。

クラクションの騒音

日本はいろんな場所でいろんな音が飛び交ううるさい国だが、こちらチュニジアも相当なものである。ただ、うるささの種類がちがい、たとえば電車や列車でたまに次の停車駅を告げるアナウンスはあるが、傘を忘れるなとか扉に挟まれるなとかいった車内放送は一切ない。スーパーマーケットのエスカレーターはいつも無言で動いているし、街なかに廃品回収や竿竹売りの車がきて、録音された呼び込み声を大音響でがなり立てるようなこともない。これを『うるさい日本の私』の中村義道先生がお知りになったら、泣いて喜ばれることにちがいない。

もちろんチュニジアにもチュニジアなりのうるささがある。その最たるものが車のクラクションで、これが実にとんでもなくうるさい。

外に出ると、ひっきりなしにクラクションの音が聞こえてくる。走っている車も止まっている車も、絶えずクラクションを鳴らしているかに思える。鳴らさないのは赤信号で停まっている先頭の車ぐらいで、後ろの車は前が動けないのが分かっていても、うるさくクラクションを鳴らすことがある。というより、前の車が停まったり徐行したりすると、後ろの運転手はほとんど機械的にというか、無意識にクラクションを鳴らしているようでもある。とくに交差点の赤信号が青に変わった瞬間、先頭以外の車は一斉にクラクションを鳴らす。それはほとんど、そうするのが決まりであるかのようにも見える。

日本ではずっと昔、警笛を鳴らさない運動というのがあった。かなりの成功をおさめ、おかげで日本人ドライバーのなかには生涯を通じて、一度もクラクションを鳴らしたことのない人も多くいるはずである。そうしてわが国でクラクションは「警笛」という意味を失い、むしろ「ありがとう」とか「お先にどうぞ」とかの合図として用いられることの方が多くなった。つまり警笛が持つ記号としての意味に、根本的な変化が生じてしまったのである。たまにクラクションを本来的な警告の意味で鳴らすと、相手はケンカを売られたような気になり、ときに暴力沙汰にまで発展したりもする。

その点、チュニジアのクラクションは、警告を発し、また注意を促すという、まさに本来の記号的意味において鳴らされる。早く行け、そこをどけ、気をつけろ、の意思表示をするためのもので、このうち、早く行けというのが最も多い。そうしたクラクションの大合奏のため、大きな交差点の近くにある建物では、窓を閉め切らないと話もできなくなることがある。

ただ、チュニジア人が人に対してクラクションを用いることはほとんどない。車の多い大きな通りは別にして、この国ではふつう、歩行者は車にお構いなく道路を横断する。それでも事故が起きないのは、歩行者を見つけるとほとんどの車は徐行し、先に通してやるからである。スピードを下げないまま、歩行者を蹴散らすようにクラクションを鳴らして走る車を、少なくとも私は見たことがない。

ＴＧＭという郊外電車

チュニスから北へ走る郊外電車にテー・ジェー・エム（ＴＧＭ）がある。チュニスとラ・マルサを結び、途中にフェリーが発着する港の駅ラ・グレッドがあって、路線の名はその三駅の頭文字から取られている。世界的に有名なカルタゴ・ローマ遺跡、古代フェニキアの港、真っ白な塀で囲まれた大統領宮殿、それにチュニジア有数の観光地シディ・ブサイドがその沿線にあり、終点のラ・マルサには閑静な高級住宅街が広がっている。

そのようにＴＧＭを紹介すると、それは有名観光地と高級住宅街とを結ぶ、いかにも瀟洒な郊外電車のように思えるかもしれない。実際は大ちがいである。どの車輛も古くて傷んでいて、窓はきちんと閉まらず、ガラスが割れたままの扉も多い。ときには天井に穴が開いていることもあって、雨が降ると水が吹き込んできたりもする。駅は全部で二〇ほどあるが、自然に壊れたのか壊されてしまったのか、ほとんどのホームに駅名を告げる表示板がない。その代りに、というわけでもなかろうが、ホームにある壁という壁が落書きで埋めつくされている。カルタゴ・ローマ遺跡を見学するには、このＴＧＭのカルタージュ・ハンニバル駅で下車する。チュニジアが世界に誇る世界文化遺産の最寄駅でありながら、まことに侘びしく貧相なたたずまいで、ホーム下の線路には雑草が長く伸びている。廃線で打ち捨てられて久しい駅と、日本人の目には映るかもしれない。

このＴＧＭに乗ると、日本ではまずあり得ない光景を目にすることができる。途中駅のホームにたむろする小学生か中学生ぐらいの少年たちが、電車が停まるたびに外の取っ手につかまり、そのまま二駅か三駅を移動するのである。移動したらまた戻ってこなくてはならず、つまりはそうして、行ったり来たりの遊びをするのである。ときには高校生ぐらいの大柄な子も加わるが、車内にいる乗客にすれば見なれた風景であるらしく、子どもたちにはとくに関心を示さない。チュニジアじゅうのどの駅もそうだが、ホームに安全確認をする駅員はおらず、走る電車で遊ぶ子どもがいても、要するに放ったらかしである。

かと思うと走行中、無理やり身体を扉二枚の間にこじ入れ、背中と両手両足でそれを押し開いたまま、半身を外に出して粋がっている若者や中年の男たちがいる。安全装置が壊れているのか、はじめからついていないのか、そのようにして扉が開けられたまま、電車は何事もないように走りつづける。

幸い沿線の観光スポットを訪れる外国人のほとんどは、こうした光景を見ないですむ。というのは、チュニジアでは観光客は、もっぱらバスで移動するからである。そういう意味では子どもたちが右のような遊びに耽っても、周辺の観光産業そのものに大した影響はないかもしれない。それでもTGMに乗ってローマ遺跡を訪れる個人の観光客はいるはずで、そうした人たちはこの路線全体にうかがわれるある種の殺伐さに、漠とした不安を覚えるにちがいない。

ラ・マルサやシディ・ブサイトに住むのは裕福なチュニジア人ばかりで、車を持つ彼らがTGMを利用することはない。終点のラ・マルサには日本の外交官や企業関係者が多く住んでおり、その彼らに尋ねても、かつてTGMを利用したことは一度もないと、ほとんどの人がそう答える。観光行政を担当するお偉方も同じで、公用車で移動する彼らもTGMには乗ったことがないかもしれない。とすれば彼らがこの郊外電車について問題意識を抱くはずもなく、いつまでたってもこの路線は、このままの状態であるような気がする。

チュニス郊外線と同様、このTGMからもチュニジア社会の問題が透けて見えてくる。とくに子どもたちの遊び場がないことがそれで、チュニジアのどの街角を歩いても、それらしきものはついぞ目にできなかった。学校にさえ、彼らが日常的に利用できるスポーツ施設は整備されていない。チュニジア人は骨太で体格もよく、身長が一九〇センチを超える若者を町で何人も目にする。一八〇センチほどの身長の女性もざらにいて、この国が施設建設も含めて青少年スポーツや社会体育の普及に力を入れれば、子どもが右のような無益で危険な遊びに耽ることをしなくなるばかりか、国際スポーツ場面で恐るべき強敵としての力を発揮するにちがいない。この領域においても、革命後の新政府の努力に期待をしたい。

第10章　生きている宗教

ムスリムとの出会い

私がはじめて身近に接したイスラム教徒はずっと昔の一九八五年、ユニバーシアードの神戸大会で会った三〇代半ばのアルジェリア人であった。サッカーの審判として来日し、私は大会の組織委員会から頼まれて、その人の通訳を仰せつかったのである。北アフリカのマグレブ地方に住む人たちは知識人といえどもあまり英語は話さない。このアルジェリアの審判もアラビア語とフランス語しかできず、日本に着いてからの日々、意思疎通の面で相当の悪戦苦闘を強いられたらしい。試合に先だって開かれた審判団会議ではじめて彼と顔を合わせ、私があなたの通訳ですよと告げると、「いやぁ、助かった！《ヴ・マベ・ソーヴェ》」と、感極まったような声を上げて喜んでくれたものであった。

大会も終わりに近づいたころ、そのアルジェリアの審判はどこかで土産物を買いたいという。それで彼が最後に笛を吹いた試合の翌日、神戸元町にある高架下の商店街に案内した。いくつか店を回ったあと、昼食を取ろうと飲食店に入り、私はいつもの習慣でビールを注文した。そしてきみも飲むだろうと尋ねると、いやコーラがいい、自分はアルコールはやらないからと答えた。そうか、この人はムスリムなのだと改めて思いなおし、新鮮な驚きを覚えたことをいまでも記憶している。

それから少し年月を経て、私は台北の郊外にある大学院の客員教授として毎年、集中講義をすることになった。その折りに訪ねた孔子廟や仏教の寺院で、褐色の長い線香を頭上高く掲げてお祈りをし、また金色銀色の紙銭を香炉で燃やす大勢の人たちを見た。なるほど、宗教が生きているとはこのようなことをいうのかと深く感じ入った。

そしてチュニジアにきて、この国では日常生活そのもののなかに、宗教が生きて存在していることを日々実感させられた。少なくとも私が身近に接したチュニジアの人はみな敬虔なイスラム教徒で、そのうちのだれもあのアルジェリア人審判と同様、アルコールを口にすることはなかった。私も人並みに新約と旧約の聖書を読んできたつもりだが、それはもっぱら翻訳といった仕事上の必要に迫られてのことで、それによって自分の行動様式に何らかの影響を蒙ったとは自覚していない。それだけに、チュニジア人の日常生活に宗教が溶け込んでいる現実を見て、何が彼らをそのようにさせるのかと不思議な思いに囚われた。逆に彼らにすれば、なんで私のように神を信じないまま生きられるのか、もっと不思議に思いでいるにちがいない。

ムスリムの女たち

チュニスのＪＩＣＡ事務所に、掃除やお茶のサービスをしてくれるモニアという中年のアラブ女性がいた。私がこの事務所を訪れることはそう多くなく、日本からたまに郵便物が着いたときなどに限られていた。そんなある日、メールボックスが置かれた小部屋のドアを開けると、照明が消された薄暗いなか、小さな絨毯に座ってお祈りをしているモニアの姿が見えた。あわてて失礼といいながら手早く用事を済ませたが、一心にお祈りするときのムスリムがみなそうであるように、そばにいる人間のことはモニアの意識にはないようであった。そっと部屋のドアを閉めて外に出たとき、祈るときは隠れて祈れ、という福音書にあるイエス・キリストの言葉が、なぜか私の頭に浮かんだ。

ラ・マルサにあるモスク。この横手に日本醤油を売る店があり、定期的に通った

モニアについてはこんなことも覚えている。青年海外協力隊の幹事役が年次報告会での資料づくりに、チュニジアにいるＪＩＣＡのボランティアや職員を対象にアンケートを取った。その質問項目の一つに「私の自慢」があり、それについてモニアが記したのは、「チュニジアがイスラムの国であること」であった。私

が何と答えたのかは失念したが、あれこれ俗世的な事柄が並ぶなかで、そのモニアの回答はひときわ私の目を引いた。

環境科学大学で部屋を同じくした准教授のソーニャは、時折り口のなかで何かをブツブツつぶやいていることがあった。あるとき、さも疲れたという様子で講義から戻ってきた彼女は、椅子に座ってパソコンの電源を入れながら、またブツブツ、口のなかで何かをつぶやきはじめた。どうにも気になるので、何か困ったことでもあるのかと尋ねると、ソーニャは小さく笑いながら訳を話してくれた。彼女がいうには、自分の意に反して物事がうまく進まないとき、「アラーは偉大なり、ムハンマドは預言者なり」というイスラムの信仰箇条が一人でに口をついて出るのだという。また疲れたり気力が衰えたりして、自分がただ無為に時間を過ごしているなと気づいたとき、「神さま、お赦しを」と口ずさんでしまうのだという。ソーニャは大学で生物学を教える自然科学者である。その理系の彼女は私によくこういったものである。

「神さまが実在すること、これはもう疑いようのない事実ですから、受け入れるしか仕方がありません」

そうした信仰篤いソーニャでありながら、髪をヴェールで被うことは絶えてなかった。

ムスリムの男たち

右のようなイスラム教がらみの、日常的なエピソードについては枚挙に暇がない。

テクノポールの管理棟では二人の青年がガードマンとして働いていて、私は暇ができると彼らがいるロビーまで行って、話相手になってもらった。ロフティはフランス語がよくできる二〇代半ばの青年で、もう少し年上のモハメッドはサウジアラビアで三年ほど床屋をしていたといい、こちらはアラビア語しかできなかった。チュニジアは学歴社会にして資格社会であり、エキスパートと呼ばれる高学歴の上級職員がガードマン相手に話をすることはない。エキスパートたちはそれぞれに車を持ち、管理棟のすぐ前にある職員食堂は利用しなかった。私もテクノポールにエキスパートの身分で迎えられていたが、二人のガードマンとはよく職員食堂で昼食をともにし、あいつら上級職員は会議ばかりしている給料泥棒だ、などという彼らの愚痴の聞き役をつとめた。そうしたこともあって二人は何でも気軽に話してくれ、モハメッドが何かいうときはロフティが通訳をしてくれた。

二人がエリアド駅の向こうの小高い山のふもとに住み、自転車で通っていること、昔はそこでよく山火事があったこと、山にはイノシシが出て散歩には向かないこと、テクノポールでときどき見かける緑色の大トカゲのこと、などなどを彼らは話してくれたが、やはり熱心に語り聞かせてくれたのはイスラム教についてであった。ときには他の棟から用事で管理棟を訪れた技術職員も話の輪に加わり、たどたどしいフランス語ながら、また分からない単語があればロフティに確かめながら、いかにイスラム教が優れた宗教であるかを異教徒である私に説いてくれた。私は井筒俊彦著『イスラーム文化』（岩波文庫）や『マホメット』（講談社学術文庫）などをすでに読んでいて、多少なりともイスラム教の何たるかは知っていた。それでも、人間の両肩には天使がいてこの世での行状をすべて記録している、といった話を彼らがはじめるとき、はじめてそれを耳にするといった風をいつも装った。クリスチャン作家である曽野綾子さんの、「ほかの宗教に出合ったとき、できるだけ失礼のないように接しなさい」という教えを守ってのことである。そういう私を相手に、ロフティもモハメッドも、まるでイスラム説教師のような熱心さのなかで話をしてくれた。

リセ・エザハラの駅でたまたま会った中年の男性から、イスラムの話を聞かされたこともあった。向かいのホームにいたその人とたまたま目が合ったのでスパフィール（おはよう）と挨拶し、なかなか電車がきませんねと私の方から声をかけた。ストライキをやってるらしいよといいながら、その人は線路下に降りてこちらのホームに移動してきたので、来ない電車を待つ間、三〇分ほど立ち話をした。話はその数日前に起きた野党党首の暗殺事件にはじまり、やがて何かの拍子に、イスラムの教えへと移って行った。人間の知恵など大したことがなく、コーランに書かれたことをよりどころにしないと人はきちんとした道は歩めない、人を殺めたり傷つけたりすることは神がお赦しにならず、結局は当人に跳ね返ってくるだけだとその人はいった。そのうちに電車がきて別れたが、翌日の新聞を見ると、郊外線の労働組合が会社側の協定不履行を理由に間引きストをしたと書かれていた。思うに、ストライキがもたらしてくれた一期一会であった。

同じような話はタクシーの運転手からもよく聞かされた。あるとき、乗ったタクシーのダッシュボードに小型でハードカバーのコーランが置いてあり、見てもよいかと運転手に尋ねた（チュニジアでは男性客は運転席の横に座る）。もちろん、と答えた彼はそれにつづけて、そこにはわれわれに必要なことすべてが書かれている、それを読まないと何をしていいか人間には分からないんだと、いかにも機嫌よさそうな口ぶりで私にいった。

コーランの朗誦はテレビやラジオでもやっており、それ用のチャンネルがあって一日じゅう聴くことができる。別の日、空港まで行くのに乗ったタクシーでは、アラビア語のメロディカルな朗誦がラジオから流れていた。運転手にこれはコーランかと訊くとそうだという。そして自分は仕事中はいつもこれを聴いてるんだと、やはり機嫌のよさそうな口調でいい、そのときの朗誦箇所の意味の概略を私に説明してくれた。そうしてしばらく行くと突然、赤信号でもないのに前の車が急停車した。慌ててハンドルを切って事なきを得た運転手、その車に向かってクラクションを鳴らしながら大声で罵声を浴びせた。アラビア語だから私には分からなかったが、おそらく大馬鹿野郎とか、この豚野郎とか叫

リセ・エザハラの海岸通りにあるモスク。この手前に四つ星ホテルがあり、エザハラでは唯一、そこでビールが飲めた

んだのであろう。絶えずコーランの朗誦を耳にしている運転手は、それでもって品のよい運転をするかと思いきや、それとこれとはまた別の問題であったようだ。そう考えると可笑しくてならなかった。

ムスリムの青年と

あるときスースからチュニス行きの列車に乗ると、黒々と顎鬚を生やし、ちょっぴり太めの身体に白の長衣を纏った、いかにもムスリムという感じの青年が横に座った。列車が動き出してしばらくすると、青年は私が手にする新聞を見せてほしいといった。開いたページにはモスクの大きな写真とともに、宗教大臣が開いた記者会見の記事が載っており、それが彼の関心を惹いたらしい。革命後、チュニジアにあるモスクの多くがサラフィスト（イスラム回帰主義者）のイマームの手に落ち、若者を兵士としてシリアに送り込む拠点となっていたが、そうしたモスクが当局の介入により急激に数を減らしつつある、というのがその記事の要旨であった。青年がそれを読み終えたころを見計らい、私はかねてから疑問に思っていたことを尋ねた。宗教大臣がこうしたことをいうからには、チュニジアにあるモスクは国の施設なのか、その建築費用は国が出してるのか、と。すると彼は、いやそうではない、モスク建設の費用は近隣の住民たちが出し合っています、それに、学校などの施設より、モスクのためにする寄付はずっと集まり易いのです、と教えてくれた。それをきっかけにしばらくの間、青年はモスクのなかのことや礼拝の話をしてくれた。

このとき私は新聞のほかに、井筒俊彦訳『コーラン』(岩波文庫)の上巻も、膝の上に置いていた。『コーラン』を外国語に翻訳するのはイスラム法が禁じていると井筒先生自身が書いておられ、青年にそれを見せてよいものかどうか、少し迷った。しかしややあって彼の方から、それは日本語の本かと訊いてくる。思い切ってコーランの日本語訳だといい、その巻頭のページを開いて、由緒あるウスマーン手写本にある「開扉」の写真を見せた。青年は興味深げにじっと見入ったあと、それで『コーラン』を読んでどこが最も印象に残ったかと私に訊く。私は思った通り、民法的な性格の規範について書かれた部分が一番面白かったと答え、それにつづけて、コーランでは同じ文章があちこちで繰り返されるので少々疲れる、アラビア語で歌うがごとくに読む限りはそれでもいいだろうが、日本語に直すと味も素っ気もなくなってしまう、とつけ加えた。同じ章句が繰り返されるにはそれなりに理由があると青年は解説してくれたが、私にはよく理解できなかった。

ハマムリフ駅で降りて郊外線に乗り換える私に、青年はこういって別れを告げた――あなたもいつかムスリムになることを祈っています。

アザーンを聞きながら

チュニジアには約五〇〇〇のモスクがある。そのうちもっとも由緒あるのが、かつてイスラム聖都として栄えた中部の町、ケロアンに建てられたグランド・モスクである。このモスクでは毎年、預言者ムハンマドの生誕を祝うムーレッド祭（移動日の祝日）の記念行事が行われ、これには宗教大臣や国会議長らも列席する。同じケロアンのコーラン協会が主催する伝統的な行事にコーラン暗誦コンクールがあり、その年齢ごとの優秀者の表彰式も同じムーレッド祭の日に、このグランド・モスクにおいて執り行われる。

それぞれのモスクにはイマームと呼ばれる宗教省任命の教導師がいて、礼拝後、信徒にコーランの教えを説いて聞かせる。人の死があって埋葬するときも、このイマームが墓地まで同行してコーランの一節を朗誦する。といって、そうした宗教儀式を営むことでイマームは生計を立てているのでない。イスラム教に職業的聖職者はおらず、イマームも別に職業を持ち、それぞれ教員や公務員や会社員として、あるいは自営業者として働いている。イマームに宗教省から手当が支給されるが、その額はほんのわずかなもので、ほとんど象徴的な意味合いを出ない。信仰篤く社会的に尊敬を集めている人、というのが、イマームに関する一般的なイメージである。スース大学の同僚教員であったエゼディンヌが、自分の父親もイマームをしていましたと私にいったとき、その口調には明らかに誇らしげなトーンがうかがえた。

イスラムの国の例にもれず、チュニジアでも夜明け前になると大音響を伴って、モスクからアザーンが聞こえてくる。モスクへ行って礼拝せよと勧める、あのアザーンである。どこに住んでも周辺には複数のモスクがあるので、いろんな方向から少しずつ朗誦のテンポと節回しの異なるアザーンが、重なりあって聞こえてくる。はじめのうちは珍しさも手伝って驚きもしたが、そのうちに慣れてしまい、何とも感じなくなってしまった。イスラムでは日に五回のお祈りをする。それゆえこのアザーンも日に五回、聞こえてくる。テクノポールからの帰り道、物静かな空き地を通り抜けてモスクの前へさしかかると突然、頭の上から大音響のアザーンが聞こえてきて、飛び上がりそうになったことがある。

金曜午後の礼拝を前に、スース大学近くのモスクの前で露店の準備をする人たち

私はチュニジアに来る前、礼拝を呼びかけるこのアザーンを聞いたイスラム教徒は一人残らず、モスクへ出かけてお祈りをするものと思っていた。現実はそんな風ではまるでなかった。第一、あのアザーンにしても、信徒に礼拝に行くよう勧めているのであって、強制しているのではない。またそうしてモスクでのお祈りを勧めている対象は通常、男性の信徒だけである。ただ金曜日だけは例外で、この日は女性もモスクでの集団礼拝に参加するよう勧められる。その際、女性だけ集まる部屋が別に用意されるという。

アザーンの声とともに礼拝の時間が近づくと、モスクの前には果物やケーキや砂糖菓子、それにイスラム教の本や長衣や数珠を売る屋台がいっぱい立ち並ぶ。イエス・キリストはこういう屋台を蹴飛ばしたと福音書に書かれているが、モスクの前ではいとも平穏に商いが営まれる。そして同じモスクのもう少し向こうに目をやれば、カフェでお茶を飲む人、立ち話をする人、携帯電話をかける人、たばこを吸う人、といった具合に、礼拝に参加しないチュニジア人はいくらでもいる。洗濯中の主婦はバケツの水を道路に撒いているし、バゲットのパンを買って帰る人、八百屋で買い物をする人、何もしないでただ通りに座っている人と、それはもうさまざまで、まことに大らかなモスク周辺の風景がそこにあった。

モスクの外でのお祈り

イスラムでは金曜日の集団礼拝がもっとも重要とされ、その日は大勢の信徒がモスクに詰めかける。そのためモスクに入れない人たちも多くいて、彼らは中庭や、外の歩道の石畳にそれぞれ小さな絨毯を敷き、その上に正座をしてお祈りをする。礼拝だからといって特別に着飾ったりはしない。だれもが普段着のままである。

チュニスを走るメトロという路面電車に乗ってレパブリック駅で降りると、すぐ前に大きなモスクが見える。金曜日は昼の礼拝時もそのモスクは満員で、外にあふれた人はメッカの方向を向いて歩道に座り、スピーカーから聞こえる声に合わせて一斉にお祈りをする。イスラム信徒でない私はモスクに入って礼拝の様子を見ることはできなかったが、そういう人たちがいたお陰で、お祈りの姿を一部始終、間近から眺めることができた。

ＪＩＣＡ事務所に近いモスクの前の道路はそう広くなく、金曜日の昼の礼拝時には両側の歩道に人が座りきれず、車道にまであふれ出ていた。はじめてそうしたところに出くわしたとき、彼らの間を通り抜けてよいものか、大いに迷った。失礼にあたらないか、礼拝の邪魔だと怒鳴られはしまいか、などと思って……。しかし通ってみると何事も起こらなかった。彼らはお祈りのとき目を閉じていることもあって、真横を歩く私にまったく気づかない風であった。一度そうしたなかを、大型の観光バスが徐行しながら通過するところに出くわした。私もそのバスの後ろにつき従ったが、信徒たちには真横を通る大きなバスにさえ、気づいてないようであった。一人ぐらい、こちらをじろっと睨みつける人がいてもよさそうに思ったが、そういうこともない。それぞれが神と向き合っていることを実感させられた。

スースの応用科学大学のそばにルアージュ・ステーション（バン型タクシーの発着場）があり、そこの駐車場広場の奥にも、平屋の小さなモスクがあった。小さいだけに多くは入れず、いつも礼拝の時間が近づくと、世話役の人が二、三人、入り口前のスペースに横長の大きな絨毯を敷いた。モスクに入れない人たちや遅れてきた人たちが、そこでお祈りをするためである。昼の礼拝は太陽信仰と一線を画するため、正午を少し過ぎた時刻に設定されている。私は昼食後の休み時間に散歩がてら、よくその広場にあるベンチに座って、絨毯の上でお祈りする人たちを後ろから眺めた。

ルアージュ・ステーションにあるモスクの前でお祈りをする人たち。近くでは大勢の人が行き来している

時間になるとスピーカーから教導師の声が聞こえ、それに合わせて外にいる人たちも一斉にお祈りをはじめた。遅れてやってくる人たちも多く、次々と絨毯の空いたところに座って、しかしほかの人に合わせるのでなく、作法通りに最初からお祈りをはじめた。やがてお祈りを終えた一同がモスクから出てきて、絨毯にいた人たちを交えて盛んに言葉を交わしながら帰り支度をはじめる。そうした周りのざわめきを微塵も気にすることなく、遅れてきた人たちのお祈りは粛々と絨毯の上でつづけられた。ときにはただ一人、残ってお祈りをする人もいた。

私が興味深く思ったのは、そうしたお祈りの最中でも、ルアージュ・ステーションでは人と車の行き来が絶えないことであった。こちらでは運転手がエンジンの調子を調べたり昼食のサンドイッチをかじったり、あちらでは乗客が乗り場へ急いだり売店でコーヒーを買ったりしている。

モスクのスピーカーから流れるイマームの声を背で聴きながら、ルアージュ・ステーションを出て外の通りに向かうと、そこもいつもと変わりない喧騒で満ち溢れていた。クラクションを鳴らして車やバスやトラックが行き交うなか、サンドイッチや果物を売る露店のスピーカーからは派手なリズムの音楽が流れ、レストランやカフェに出入りする人の姿も絶えることがなかった。お祈りをする人もしない人も、互いを意識している様子はまったくうかがわれなかった。

宗教規範によって何もかも、ガチガチに縛られたのがイスラムの国だとわれわれは思いがちである。しかしそれはやはり、つくられた固定観念がそうさせるのであろう。少なくともチュニジアに関する限り、実に大らかにして寛容な雰囲気のなかで、イスラム教の営みがなされているように私には見えた。

第11章　ラマダンと犠牲祭

イスラム暦の月

チュニジアでも一般の社会生活は西暦に即して営まれるが、ことイスラムの行事に関してはヒジュラ暦という、イスラム世界を公式に取り仕切る太陰暦が用いられる。この暦では新月から新月までを一カ月と数え、一年は全体で三五五日ほどとなる。コーランに一年は一二カ月と定められているので、閏月は置かない。そのため毎年、各月のはじまりが前年と比較して十日ほど早くなり、たとえば断食の月として知られる第九の月、ラマダン月は、年によって夏であったり、冬であったりする。一年のはじまりについても同様で、それゆえ「年のうちに春はきにけり」というのはとくに珍しいことでなく、イスラムの国ではむしろその方がふつうである。

二〇一二年のイスラム暦新年は、秋の盛りの一一月一五日であった。いつ新月になるかはあらかじめ計算で分かっていることで、たとえば私たちは『理科年表』を見てそれを知ることができる。しかしイスラムの国ではそうした機械的な計算結果をそのまま採用せず、人が月の満ち欠けを目視で確認するという、ムハンマド時代以来の長い伝統を踏襲している。月の見え方には国や地域ごとで微妙なちがいのあることもあり、そのため各月のはじまりはあくまでもイスラム界の権威が新月の到来を自分の眼で確かめ、そうしてはじめて最終的な決定が下される。その際、天候不順などで視認による月齢観測がむずかしいときもあり、当の決定がぎりぎりまでずれ込むこともある。

たとえば二〇一二年の新年が十一月一五日とされたのはその前日、チュニスに大雨が降って道路という道路が冠水した日であった。次に示すのはすでにイスラム暦新年となった翌一六日の金曜日、『ラ・プレス』紙に掲載されたイスラム暦新年を告げる記事である。そこにあるムフティとは、チュニジア大統領が職権で指名するイスラム法学者のことで、イスラム法の諸規定に関して最終的な見解を下すチュニジア国内最高の権威者である。

二〇一二年一一月一五日がヒジュラ暦一四三四年ムハッラム月の初日と一致することが水曜日、チュニジア共和国ムフティのオットマン・バティク師により発表された。共和国ムフティによれば、気象条件（雲、霧、雨）の悪化で月齢観測が妨げられたため、一九八八年「ローヤによる月齢決定に関する政令七二七号」ならびに「ヒジュラ暦一四三三年ドゥー月二九日水曜日の日没時点における一四三四年ムハッラム月の月齢判断を可能にする天文観測資料」に基づき、一一月一五日がヒジュラ暦新年に当たるムハッラム月一日であると決定された。

新月の観測はムハッラム月(一月)についてだけ、そうするのでない。この月にはじまり、ズー・アル＝ヒッジャ月(一二月)で終わるイスラム暦一年の、各月のはじまりをムフティは月を直接目視して決定する。ほとんどの場合、計算による月齢予測結果と一致するが、そこはやはりイスラム生活の根幹にかかわる問題であり、斯界の権威が古式にのっとり、最終決定を下すことが必要となる。各月のはじまりを新聞は通常、よく注意してないと見落とすほど小さな囲み記事のなかで伝えるが、こと新年やラマダンや犠牲祭にかかわる月に限っては、大々的な扱いとなる。

はじめてのラマダン

ラマダン月が近づくにつれ、今年のそれは何日からはじまるらしいと、人びとは噂をしあうようになる。そのころになると決まって新聞はまるまる一ページを割き、三日月の絵や写真を大きく掲げて直近における月の満ち欠けを解説しながら、来るべきラマダンの過ごし方についての啓蒙的な論説記事を載せる。そのようにしてみな、ムフティが下す正式の決定を待つのである。そしてラマダンに関する啓蒙的な記事の最後は決まって次の言葉で締めくくられ、私も是非そうあってほしいと願ったものである。

どうぞ慶ばしいラマダンを。(Nous vous souhaitons joyeux Ramadan.)

私はチュニジアにいて二度、夏の真っ盛りにラマダンを経験した。その最初の年、二〇一一年のラマダン月に関しては七月三一日に公式発表があり、その開始日を告げる次の記事が『ラ・プレス』紙に掲載された。

チュニジア共和国ムフティティは、ヒジュラ暦一四三二年のラマダン月初日が八月一日になると発表した。同ムフティティによれば、二〇一一年七月三〇日土曜日の日没時に、チュニジア領土内のいずれにおいても新月が観測されなかった。したがって、二〇一一年七月三一日の日曜日がヒジュラ暦一四三二年シャアバーン月の最終日となり、これによってラマダン月初日は八月一日の月曜日となる。

そしていよいよ、その八月一日の朝がきた。これからいったい何がはじまるのかと、わくわくするような思いで駅までの道を歩いた。まず驚かされたのは、町のたたずまいがいつもよりずっと静かなことであった。ふだんは朝から賑わいを見せているカフェが、しんと静まり返っ

リセ・エザハラ駅前にあるカフェ。ふだんは早朝から客が詰め掛けている

同じカフェの、ラマダン月の朝の様子。扉は閉じられ、椅子も片付けられている

ている。店の前の歩道にあったテーブルや椅子はきれいに撤去され、扉も堅く閉じられている。どのレストランもサンドイッチ店も営業しておらず、いよいよラマダンがはじまったことを実感させられた。朝からカフェにたむろする人たちには定年退職者だけでなく、職のない若い人たちも多い。彼らはいったいどこで何をしていつもの朝に過ごしているのかと、いらぬ心配をしたりもした。とにかく明るいうちは客が一人もこないのだから、カフェもレストランも店を閉めるのは当然である。

外で煙草を吸う人を見かけなくなったのも、新鮮な驚きであった。前日まで、道行くチュニジア人男性のだれもが煙草を手にしているように見えたから、それは見事といえるほどの変わりようであった。当然、煙草の吸殻が捨てられることもなく、こんなに路上がきれいになるのなら一年じゅう、ラマダンをやっていた方がよいのではないかとさえ私には思えた。

陽があるうちは水も飲めないから、通りにいる人のだれもペットボトルを手にしていない。これもふだんと大いに異なる風景である。夏の盛りのこととて、日中の気温は軽く四〇度を超える。食事を取らないのはまだ我慢できても、水が飲めないのはほんとうに辛いと、テクノポールの職員もいっていた。太陽が照りつける昼下がりに駅前通りを歩くと、中年の露天商が商品のラディッシュにペットボトルの水をかけていた。そのあと自分の頭にも水をかけ、ついでにいつもの習慣でペットボトルを口に持っていきかけた。しかしラマダン月であることを思い出したのか、すぐにその動作を止めた。生きた宗教に備わる精神的威力とでもいったものを、その露天商の仕草は私に感じさせてくれた。

官公庁の勤務時間は七月に入って午前八時から午後二時までの夏時間にすでに変わっていたが、ラマダン月を前にして新たに首相府から公示が出され、ラマダン期間中は八時三〇分から午後二時三〇分まで、ただし重要な礼拝日である金曜日だけは午後一時まで（いずれも昼休みはなし）という勤務体制になった。個人的な仕事があった私はラマダン中も朝早くに大学へ行き、テクノポールの職員食堂は閉っているので昼前には帰宅するという。そうした日課をずっとこなした。暑い日の午後はたいてい、リセ・エザハラ駅の向こうにある砂浜へ行き、遠浅の地中海に身を浸して暑さをしのぐことにした。ラマダン中のこととて海は無人かと思っていたら、いつもと変わりない夏の水浴風景が展開されていた。ちがうのは、だれ一人ペットボトルを持参していないことぐらいであった。ほとんどが子ども連れの親子であったが、若い女性のグループもいて、彼女らは着ている服のまま海に入った。女性が肌を見せないのはアラブ社会の習慣であるし、強烈な太陽の下を歩いて帰るのであるから、家に着く前に濡れた服も乾いてしまうのだろう。なかには頭にヴェールを着けたまま海に入る女性もいて、その姿で水をかけ合って遊ぶのを見ているのは面白かった。

はじめてのことゆえ、何やら怖いもの見たさの心境でラマダンを迎えたが、郊外線の時刻表がラマダン月用に切り変わったこと以外、これといった生活上の変化は経験しなかった。そんな風にしてラマダンの日々は静かに流れて行った、さすがは一五〇〇年も連綿と続いてきた、神と人との契約に基づく年中行事であるなと感心させられた。

ラマダンを楽しむ人びと

ラマダン月で飲食を断つのは、太陽が出ている日中だけである。そうはいっても、熱い最中を飲まず食わずで過ごすのだから、肉体的には相当苦しい。しかし苦しいばかりのラマダンかといえばそうでもないようで、むしろ日没後はふだん以上に食べたり飲んだりし、また夜遅くまで家族や仲間と語らって時間を過ごす。昼間はあまり仕事をしないで体力を温存し、夜になると盆と正月が一緒に来たような、そうした非日常的なハレの時間を、彼らは一カ月にわたって楽しむのである。

二〇一二年のラマダン終了後にＶＩＳＡアフリカが家計支出調査を行い、その結果が『ラ・プレス』紙に載っていた。それによるとラマダン期間中、チュニジア人家庭の九二％で支出が前の月を上回ったという。増えた支出の大半は食料品関係で、チュニジア全体で見ると三〇％の増加であったとされる。

こうしてラマダン月であっても、客がその場で飲食をする店以外、どこも平常通りに開いている。駅前通りにはふだん以上の数の露店が立ち並び、大勢の客が果物や野菜を買っていた。スーパーマーケットは午後の三時ごろから夕食の準備をする買い物客であふれるようになり、レジの前には連日、カートを食料品でいっぱいにした人の長い列ができた。列に並ぶのが苦手な私はそれを見ただけで退散し、ひたすら日没を待つことにした。日が沈むと同時に、大混雑を呈したスーパーマーケットから人の姿が掻き消すようになくなるからである。外の通りも無人となり、アパート前の幹線道路にも車が見えなくなる。そうなるとスーパーマーケットはほとんど開店休業の状態で、フロアの照明は半分ほど消されてしまう。そしてレジ近くの一カ所にだけ明かりが煌煌と灯り、そこに置かれた仮設のテーブルに従業員たちが集まり、夜明け前から口にしていない水と食事を取るのであった。まさにこれぞラマダン、とでもいうべき光景であった。

ラマダン月に入って夕方近くになると、水道の蛇口をひねっても割り箸ぐらいの細さの水しか出ないことが多くなった。ときにはそのまま止まってしまうこともしばしばで、これは断

ラマダン月の深夜、煌煌と明かりが灯るカフェに人の姿が絶えない

水のせいでなく、その時間帯にアパートの全世帯で、一斉に炊事がはじまることの証しに相違なかった。そんなときは私は遠慮をして、敢えて蛇口を閉じるようにした。イスラムの人たちは朝から何も食べていない。異教徒の私がその時間帯に水を使い、彼らの食事の準備を邪魔するのは罰当たりなことだと思ったからである。

ラマダンでは最後の週が一番楽しいんですよと、以前からムーナがよくいっていた。いよいよラマダンも終りに近づいたころ、そのムーナと朝の郊外線で一緒になった。昨日寝たのは朝の三時過ぎでしたと、いかにも眠そうな顔をして私にいった。次の日はネシーム（この名前はそよ風という意味）という男の職員と、ボルジュセドリア駅からのバスで一緒になった。こちらもやはり眠そうな顔をしていたので、私は何だか可笑しくて堪らなかった。

このネシームは、いかにも楽しげにラマダンの一日を私に話してくれた。それによると、仕事を終えて三時過ぎに帰宅するとまず横になって休み、ひたすら日が暮れるのを待つ。日が沈んだのを機に一リットル入りペットボトルの水を一気に飲み干し、それからたっぷり夕食を取る。そのあと行きつけのカフェへと繰り出し、そのまま夜中の二時か三時ごろまで、仲間とお喋りをして過ごすという。なるほど、昼間は椅子もテーブルも撤去され、そこがカフェかどうかも分からなかったが、いったん夜になると、そこはふだん以上の生気を取り戻す。カフェの明かりは夜更けまで辺りを煌煌と照らし、賑やかに談笑に耽るグループ客で満ちている。ふだんとちがってそこへ私のような一見の客が、それもたった一人で入るのはかなりの勇気を要する。そのようにしてラマダン月が終るまで、ムスリムたちは寝不足つづきのまま、仕事場へと通うのである。

アパートの庭でも親戚どうしの集まりなのであろう、やはり夜更けまでテーブルを囲んで食事をし、語り合う人たちの姿が見られた。イスラムの国ゆえ、そうしたことすべてがアルコール抜きで進行する。それも私にはすごいことだと思われてならなかった。

物の本によるとムスリム以外がラマダン月に断食を励行しても、とくにご利益はないという。それだからというわけでもないが、私も人前での飲食は控えたものの、アパートではせっせと料理をつくり、ラマダン中も三度三度の食事を欠かさなかった。そうしてラマダンを終えてみると、かなり料理の腕を上げている自分を発見した。それまでお米さえ炊けなかった私である。何だか神さまから御利益をいただいたような気持ちになった。

二つのイード

イスラムには二つの重要な祭り、すなわちイードがある。

一つはイード・アル＝フィトルという、シャウワール月（一〇月）の最初の三日間に行われる、ラマダン明けの祭りである。苦しい断食の行をなし終えたのであるから、人びとの表情は底抜けに明るい。羊を焼く黒い煙がもくもくと、あちこちの家から立ち上るのがアパートのベランダから見えた。どのカフェもかつての賑わいを朝早くから取り戻し、ときには爆竹の音が聞こえたりもした。夜になっても通りを人が行き交い、レストランが立ち並ぶ一角まで足を運ぶと、家族連れで食事を楽しむ人たちの群れが深夜近くまで見られた。

もう一つの重要な祭りは、犠牲祭の名で知られるイード・アル＝アドハーである。これは巡礼月であるズー・アル＝ヒッジャ月（一二月）の一〇日に行われる。この日、メッカを訪れた巡礼者たちは旧約聖書にあるアブラハムとイサクの故事にならい、ラクダや羊を神に犠牲としてささげる。巡礼に参加しなかった、というより参加できなかった世界じゅうのムスリムも同じ日に、それぞれの居住地において神に犠牲をささげる。これがすなわち犠牲祭である。ラマダン明けのイードが小祭と呼ばれるのに対し、犠牲祭は大祭と呼ばれる。巡礼と直結したこの祭りの方が、重要性において勝るということであろう。

コーランではメッカ巡礼は信徒の義務の一つとされる。それをなし終えたムスリムをハッジといい、故郷に戻ると周りからハッジ某と呼ばれて大いに尊敬を受ける。といって、希望すればだれもが巡礼に行き、ハッジになれるわけでない。お金がかかる上に、暇と体力もいる。その点だけ見ればお四国さん遍路やスペインのコンポステラ巡礼とさして変わりはないが、世界には十六億ともいわれる数のムスリムがいる。そのうちの百万人が毎年メッカ巡礼に行くとしても、全体の数からすれば微々たるもので、かくして順番待ちのリストは常に長大なままでありつづける。

チュニジアには宗教省があり、ここが毎年、ズー・アル＝ヒッジャ月の半年ほども前から、メッカ巡礼者を選び出す作業に取りかかる。つまりは一種の抽選会をするわけで、だれをどのようにして選ぶかの手順は「メッカ巡礼の組織に関する省令」に記されている。革命後、こうした選抜の作業を監視する第三者委員会がはじめて宗教省によって設けられ、抽選過程の透明性が確保されるようになった。それ以前のベン・アリ政権時代はこの分野においてもコネや賄賂が幅を利かせ、いろいろと不明瞭なところがあったらしい。

この抽選会のニュースを伝える二〇一一年六月の新聞に、とくに守られるべきことがらとして次の二点が挙げられていた。

・各県ごとに八〇歳以上の希望者のなかから五名を優先的に選ぶこと
・希望者リストへの登録年数歴を尊重すること

かくして巡礼者に選ばれるには信仰の篤さだけでなく、何年も待ちつづけるという辛抱強さ、それにくじ運の強さもあわせ持たなければならない。メッカに行ける人たちは文字通り、狭き門をくぐりぬけたエリートで、それだけに彼ら巡礼者と同じ日に、同じことをする犠牲祭は、ほかの大多数のムスリムにとり、とくに重要な行事としてあることになる。

羊がいっぱい

チュニジアに赴任した最初の年、事情をよく知らない私に犠牲祭が近づいたことを教えてくれたのは、町のそこここで目にするようになった羊の群れであった。

二〇一一年一〇月末のある朝、郊外線のディーゼル車がビール・エル＝ベイの駅を出ると、線路右手の国道に沿って細長く伸びる空き地に、それこそ何百頭という羊がたむろしているのが見えた。当の空き地は次のボルジュセドリア駅まで二キロほどもつづくが、そのどこもかしこも羊だらけになっている。これだけの羊を一度に目にするのははじめてのことで、いったい何事がはじまったのかと、物珍しさも手伝い、列車の窓からじっと眺めていた。といって車内にいるチュニジア人は、とくに気にした風でもない。隣にいた人にこれは何かと訊くと、犠牲祭を前にして開かれた羊市ということであった。

さっそくテクノポールからの帰り、その市場に寄ってみた。近くまで行くと特有の獣臭がプンと鼻をついた。辺り一面に麦わらが散らかっていて、羊たちはそれを食べるか眠るかしていた。それだけならわが家にいる猫と変わりはないが、人間のいうことを聞くか聞かないかで、両者はまったく異なる。一見したところ雑然としているようだが、聞き分けのよい羊は飼い主の言葉に従ってそばを離れず、それぞれがグループをつくってひと塊りになっている。羊のようにおとなしいとはいい得て妙で、空き地のすぐ横は自動車が猛スピードで走る片側二車線の広い道路になっているが、そこへ近づく勇気のありそうな羊は一頭もいなかった。

郊外線のベール・エル＝ベイ駅近くの空き地に設けられた羊の市場

市場を歩くと、そこここで羊の品定めと値段交渉が進行中で、商談が成立すると、羊は買い主の車に乗せられて次々と運ばれて行った。荷台のあるピックアップ・カーで数匹を一度に乗せて運ぶ人もあれば、乗用車できた人は羊を横倒しにしてロープで足を縛り、後ろのトランクに押し込んだ。何とはなしに憐憫の情にかられたが、それは私が日本人だからであろう。羊を手に入れた人は犠牲祭の日まで餌を与えなくてはならず、傍らには立方体に固められた麦わらが山と積まれていて、それも商品として売られていた。

その細長い空き地の半分にはユーカリの高木が生い茂り、その下に羊を売る人たちはテントを張っていた。羊を売りつくすまで市場を離れられず、犠牲祭の前日までそこで寝起きするためである。チュニジアでは秋から冬にかけて雨季に入り、この年も羊市が開かれている間、大雨の日が幾日かあった。さぞかし人も羊も、たいへんなことだったろうと思う。

犠牲祭の日が近づくと、町なかを歩いても羊としょっちゅう出くわすようになった。アパートの上階から羊の鳴き声が聞こえたり、歩道の脇にちょっとした空き地があると、そこで何頭かの羊が草を食んでいた。夜は夜で羊の鳴き声を耳にしてベランダに出ると、下の草地に数頭の羊がいて、藁を食んだり寝そべったりしていた。メエーでなくグエエーという鳴き声が夜通し聞こえたこともあり、とにかくそんな風にして、どこへ行っても羊でいっぱい、という風景が犠牲祭の前日まで見られた。

羊飼いの小父さん。カメラを向けるとポーズを取ってくれた

羊市を管轄する観光商業省によると、羊一頭の価格は二五〇ディナールから四〇〇ディナールするという。犠牲祭が近づくにつれて値段は下落するが、それでもチュニジア人にすれば安い買い物でない。多くの人には一カ月分の給料にも匹敵するであろう（法定最低賃金は月三〇〇ディナールほど）。

犠牲祭の長い一日がはじまる

二〇一一年の犠牲祭は一一月六日の日曜日にあった。この日、大学で同室のソーニャが私を自宅に招いてくれた。彼女がアパートまで車で迎えにきてくれたのが朝の八時、帰宅したのは夜の一二時過ぎで、何とも長い、そして印象深い一日となった。

私を車に乗せて走り出すと、ソーニャはすぐにこういった。

犠牲祭が近づくとどこでも羊が見られるようになる。リセ・エザハラの一角にて

「見てごらんなさい、通りに誰もいないでしょ。車だって私たちだけよ」

なるほど、いつも見なれた通りには人っ子ひとりいなかった。みな朝のお祈りのあと自宅にいて、これからはじまる犠牲祭の準備をしているという。郊外線に沿って伸びる国道を南下すると、やがてビール・エル＝ベイの駅が見えてきた。そこからボルジュセドリア駅までつづく例の細長い空き地にもはや一頭の羊も見えず、地面のいたるところに麦わらが残されているばかりであった。その後もソーニャの家に何度か車で連れて行かれたが、この日ばかりは渋滞もなく、ふだんの半分ほどの時間で到着した。
ソーニャが住むのはナブール県のグランバリア市で、大学のあるボルジュセドリアから南へ一五キロほどのところにある。国鉄南北線の長距離列車が停まる静かな地方都市で、当時の大統領であったモンセフ・マルズーキ氏もここで生まれている。このグランバリアでも革命時には大きな騒乱があり、役所や警察署が襲撃された。スーパーマーケットのカルフールも略奪にあったあと、火が放たれて全焼したという。私が訪ねたときは焼け跡の周囲に白い遮蔽板が施され、そんな事件があったとは分からないようになっていた。グランバリアは昔からブドウの産地として有名な土地で、ブドウの実を押し潰す圧搾機の、大きな鉄製のレプリカが町の入り口に置かれてあった。そこから少し行ったところのロータリーに、かつては見事なブドウの古木があったという。町のシンボルともなっていたが、それも革命のときに焼かれてしまったという。そんなことのあれこれをいかにも残念そうな口調で、車を走らせながらソーニャは私に話してくれた。

ソーニャの家で

ソーニャの家は平屋の一軒家で、やはり上にガラス片を備えた高い塀で囲まれていた。門を入ると玄関前に横長の庭があり、そこの大きなレモンの木に一頭の羊がつながれていた。おまえ、よく家《うち》にきてくれたねえとソーニャはいいながら、その羊の頭にチュッとキスをした。そばには七歳になる息子のラッセルと、翌年バカロレアに挑戦する姉のマラムがいて、ハグをして私を迎えてくれた。自然科学専攻のソーニャとちがって、大学で経営学を勉強したいというマラムはふつうにフランス語を話す。小学校に入ったばかりのラッセルはまだそれを習っていないが、簡単な言葉はできるのでその日は一日じゅう、彼からの質問攻めにあった。いろんな小物を持ってきては私に見せ、これは日本語で何というかを飽きずに繰り返した。

小学生のラッセルと犠牲の羊。ナブール県グランバリアのソーニャ宅で

ソーニャの夫君であるガネムに挨拶したあと、まだ時間があるからというので家のなかを案内してもらった。廊下の壁にはコーランの章句であろう、アラビア文字が書かれた大小の陶器板が、ほぼ一メートルおきに飾られてあった。父親が自動車修理のエンジニアであることからラッセルも大の車好きらしく、彼の部屋にある赤い大きなベッドはオープンカーの形をしていた。きれいに片付いたマラムの部屋には、いかにも女の子らしい絵や飾りがあって、それを見る限り日本の女子高生の部屋ととくに変わりはないように思えた。食堂と居間を兼ねた広いホールのガラス戸棚にはA3判ほどの大きさの、分厚いコーランが安置されてあった。それをガネムが取り出

してページを繰りながら、現代アラビア語の発音で読ませるための、赤い記号のことなどを私に説明してくれた。

次いでソーニャが用意したトルコ・コーヒーを私に進めながら、これからはじまる犠牲祭の一日の概略を話してくれた。また羊について、彼女は次の要点を私に語り聞かせた。
・羊を屠るのは午前中にしか許されないこと。
・誰がやってもよいわけでなく、特別に許された敬虔なイスラム教徒だけにできること。
・もちろん女性がやってもよい。しかしその場合は人に見えないところですること。
いちいち感心しながら、私はソーニャに尋ねた。

「それで今日は、ご主人のガネムがやるんでしょ」

ソーニャは首を振り、笑いながらこう答えた。

「いえいえ、あの人はやりません。ガネムは血を見るのが嫌いで、その場に立ち会うこともしません。だから見ててごらんなさい。彼はきっと逃げ出しますから」

羊を屠るのはゲオッフェルという人で、彼はその日、三軒の家を回って同じことをするという。先ほどソーニャが時間があるといったのは、そのゲオッフェルさんを待つ必要があったからである。

犠牲の羊

いよいよゲオッフェルさんがやってきた。小柄ながらがっしりとした体躯の人で、手に小型のナイフ二本と、そのナイフを砥ぐためのヤスリ棒を持っていた。いましがた別の家で仕事を済ませてきたところで、ソーニャの家が済むと、今度は向かいのマジェブさん宅へ行くことになっている。

チュニジアの家ではどこもそうだが、庭の木や花が植えられていない場所は、そのほとんどがタイル張りになっている。ソーニャ宅ではレモンの木の奥に、一〇畳ほどのタイル張りのスペースがあって、そこが羊を屠る場所となる。犠牲祭があるからタイル張りにしているわけでもないだろうが、仮にそうでないと羊の血をうまく洗い流すことができず、不都合であることは確かである。

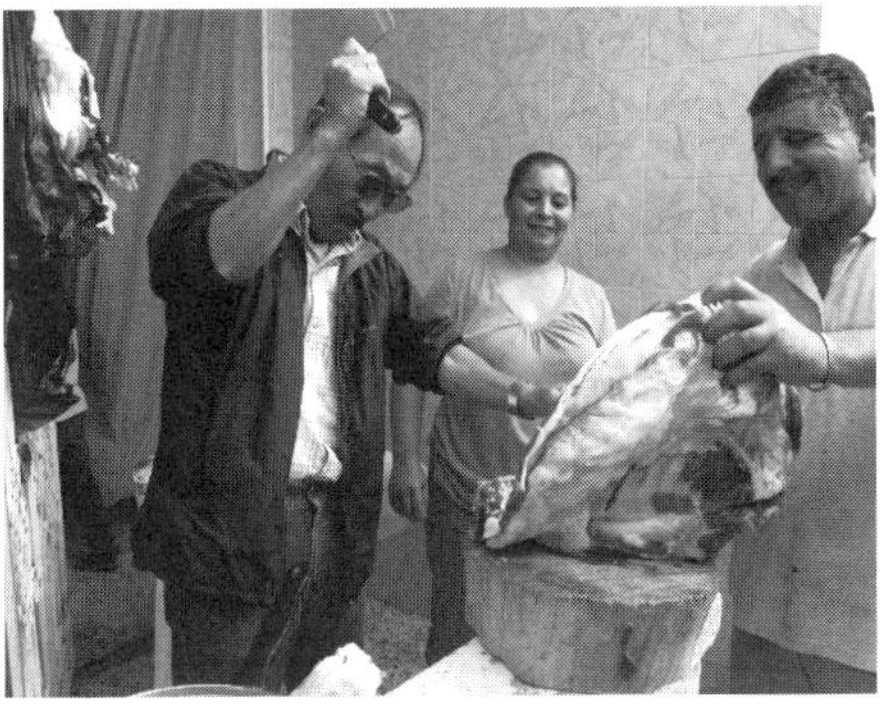

羊を解体する筆者。相当の力仕事である。中央がソーニャ、右は夫君のガネム

そしてついにその瞬間がきた。煙がもくもく立ち上るお香の壺を持つマラムが、タイル張りの上をぐるっと一周したあと、それを奥の長椅子の上に置いた。次いでソーニャに手伝われてゲオッフェルさんが羊を横倒しにし、脚を紐でくくった。なるほど、このときガネムは急

いで玄関口に向かい、そのまま家のなかに姿を消した。喉をかき切るのは一瞬のことだが、その直前、ナイフを喉にあてたままゲオッフェルさんはじっと目を閉じ、低くコーランの一節を口ずさんだ。血は飛び散らず、さらさらとタイルの上に流れ出た。静かになった羊はしばらくすると一分ほどの間、全身を激しく痙攣させ、そのあとまた静かになった。ふだんは血を見るのが怖い小心者の私であるが、その一部始終に立ち会いながら、不思議と平静でいられた。やはり神聖にして厳粛な、宗教上の儀式であったからだと思う。

そこへ向かいのマジェブさんの娘さんがやってきて、マラムと一緒にタイル上の血を水で洗い流しはじめた。ゲオッフェルさんはナイフをあてがったり口で空気をふき入れたりして、羊の皮を剥ぐことに余念がない。それがあらかた済んだところへ、今度はマジェブさんが鉄製の長い梯子をかついでやってきた。それを壁に立てかけて羊を吊るし、皮をすっかり剥いでしまうのである。剥ぎ終わると羊を下ろし、改めて玄関の鉄格子に吊り下げた。そのあと梯子とともにゲオッフェルさんはマジェブ宅へと移動し、私も一緒にこいと誘われたのでついて行った。そこでもまったく同じ手順が繰り返され、羊の皮を剥ぐ間、私は椅子に座って、奥さんからいただいた果物のジュースを飲んでいた。居合わせた家族の人たち一同、とても満足げな様子であった。

ソーニャの家に戻ると、水で内臓を洗っているところであった。肺に空気を吹き込んで膨らませ、そのあとホースで水を流し込む。すると灰色の液体がどっと流れ出た。胃のなかは麦わ

羊の肉を焼くマラム。バカロレアの試験を翌年に控えた高校生

らでいっぱいで、羊が直前までそれを食べていたことが分かる。長い小腸はマラムが箸のような細い棒を使い、上手に裏返しにして洗った。生物学が専門のソーニャは取り出した心臓を私に見せ、しばしの間、解剖学の講義をしてくれた。

羊一頭を解体するのは相当の重労働である。私も手伝ったが、鉈のような刃物を用いて背骨を縦に切断するのは、まさに骨の折れる力仕事であった。それもようやく一段落し、午後の二時過ぎからレモンの木のそばで、昼食のバーベキューがはじまった。私はもともと焼き肉が得意でないが、この期に及んで、とてもそんなことは口に出せなかった。ばら肉を少々食べたあと、これは美味しいからと、ガネムが勧めてくれたテスティキュール（睾丸）をなんとか胃に納めることができた。しかし大の苦手のレバーは、少し口に入れただけで降参した。

年年歳歳羊アヒ似タリ

羊の毛皮は商品化できる。それを専門とする業者もチュニジアにはいる。しかしソーニャの家ではそれを近くのモスクまで持ち運んだ。あとで信徒代表が換金し、貧しい人たちへの喜捨の費用に充てるためである。腿肉の一部もそうで、これは羊を買えなかった家庭に届けられる。ガネムがその用事でモスクへ行くというので、私も同行させてもらった。モスク前の歩道の決められた場所に羊の皮を置き、次いで事務所に入ると、長衣を着た信徒代表の人たちがいた。そのうちの一人がガネムが持参した腿肉の袋を受け取り、帳簿に記録をした。日本人と紹介されて私も大いに歓迎されたが、モスクでなくその事務所へは異教徒の私も入れたことに、あとになって気がついた。

犠牲祭当日の野外夕食会。ソーニャの親戚が所有するオリーブ畑で

　夕刻になるとソーニャの家族と一緒に、親戚が所有するオリーブ畑まで車で出かけた。ラッセルと同じ小学生から高齢のソーニャの母親まで、いろんな年代の人たちで構成される一族が二〇人ほど集まり、野外での夕食パーティーがはじまった。羊肉のバーベキューのほかに、ボールに入ったザクロの実やミント茶が出された。小型のCDプレーヤーからはチュニジア独特のリズム感あふれる音楽が流れていて、興に乗ると、そこいらじゅうでダンスの輪ができた。そうした彼らの姿を見ていると、日本とチュニジアの、いったいどちらが豊かな国なのか、私には分からなくなってきた。

家に戻るとソーニャの母親もやってきて、二人して夜遅くまで台所仕事がつづいた。細かく刻んだ内臓に野菜を混ぜたのを胃袋や筋膜で包みこみ、それを糸や小腸でぐるぐる巻きにして袋状のものをつくり上げている。解体した羊の何一つ、捨てることはなかった。

午後の九時過ぎになって改めて夕食をいただき、しばらくマラムとバカロレアや大学の話をしたあと、深夜に車でアパートまで送ってもらった。長い長い、しかし充実した一日であった。

次の年の犠牲祭にも、ソーニャは私を自宅に招いてくれた。前年より一〇日ほど早い、一〇月二六日のことであった。あとでソーニャから聞かされたことだが、私一人で犠牲祭の日を過ごさせるわけにはいかないと、以前からずっとマラムがいっていたのだという。このときも朝の八時から夜の一二時過ぎまで、前の年に見たのと同じことが、まったくそのまま再現された。一つだけちがったのは、ソーニャが私のために缶ビールを用意してくれたことであった。それはもちろん、ノン・アルコールのビールであったが……。

羊の内臓を処理するソーニャと母親の台所仕事は夜遅くまでつづいた

同じ祭りがチュニジアで、これからもずっとつづいていく。

年年歳歳羊アヒ似タリ、歳歳年年人同ジカラズ、の感を強くした。

第12章 チュニジアにおけるサラフィスト問題

イスラム教をめぐってはチュニジアも、一つの深刻な問題を抱えている。サラフィストという、スンナ派の少数過激派集団に起因する問題である。革命後のチュニジア社会が容易に安定を手にできなかったのは、このサラフィストが起こした数々の暴力事件にその最大の原因を求めることができる。シリアとイラクの一部で勢力を伸ばすＩＳ（イスラム国）も、その主張や遺跡破壊を見る限り、サラフィストの一派と見なすことができる。彼らはどのような大義にもとづいて事を起こしてきたのか、また起こそうとしているのか、チュニジアで見聞きしたことをもとに述べて行くことにしたい。

スンナ派とシーア派、それにワッハーブ派

イスラム教にはスンナ派とシーア派の二大宗派がある。

イスラム教徒の九割が属するスンナ派のスンナとはもともと、アラブ社会で広く行われた伝

統や習慣を意味するアラビア語であった。それがイスラム教の布教後、伝承にある預言者ムハンマドの言行にもとづいた伝統や習慣を指すようになった。スンナ派とは、それを尊重し、またそれに従って生活を送るイスラム教徒のことを指す。この派には四つの学派があるとされ、チュニジアで行われるのはそのうちのマーリキー派である。穏健とされるこの派はイスラム聖人の崇拝や、聖人を祀る霊廟なども受け入れる。

イスラム教徒の一割が属するシーア派は、ムハンマドの娘婿で四代目カリフのアリーを信奉する。アリーはムハンマドから後継者に指名されたが、若さを理由にすぐはそうならず、そのためシーア派では彼以前のカリフ三人を、地位の不当な簒奪者と見なす。シーア派は一六世紀からペルシャで公式の宗教と定められ、現在はイランやイラク南部を中心に勢力を保っている。スンナ派とシーア派の間で教義上の大きなちがいはないとされるが、根底に本家争いようなものがあって、両派の仲は芳しくない。

ここまではだれもがよく知っていることである。これに加えて、さらにワッハーブ派もしくはワッハーブ主義についても触れておかなければならない。

やはりスンナ派の系列に属するワッハーブ派は一種の政治的宗教運動であり、一八世紀にモハメッド・イブン・アブド・アル・ワッハーブと、サウジアラビア王国の創始者である族長モハメッド・イブン・サウドによって提唱された。この派は信仰の過程であらゆる解釈を抜きにして、イスラムの源流に回帰することを求める（こうした回帰の立場をサラフという）。たとえばイスラム教徒の多くはコーランについて、神はそれとともに人間に知性をもお与えになり、それを駆使してコーランに書かれたことを、時代時代に合わせて適切に解釈せよというのが神のご意思である、と考える。これに対してワッハーブ派は、それでは解釈上の許容範囲が広くなりすぎるとして、スンナ派にもシーア派にも苦言を呈して止むところがない。この派によれば、人間のつくったあらゆる偶像、絵画、聖遺物、音楽、等々はすべて否定される。イスラム聖者の霊廟とてその例外でなく、それらはすべてサウジアラビアでは撤去され、ひとつも残っていない。

このワッハーブ派の教義をもって統治されるサウジアラビアでは、結婚式の披露宴であれ何であれ、男女が同席することは許されない。また女性はヴェールで頭を被い、黒い衣装をまとって全身を覆う義務を負う。そのほかこの国から流れてくるニュースには、女性の下着店にはじめて女性の店員が誕生したとか、また妻が外国に出るとき、空港当局から夫にその旨のメールが入るとかいったものがあり、そのたびにわれわれは驚かされることになる。

もう少し衝撃的なニュースとしては、この国で二〇一三年三月、犯行当時一六歳から二〇歳であった七人の若者が、強盗の罪で公開処刑されている（サーベルでの斬首）。いわゆるシャリーア（イスラム法）の適用で、国際アムネスティなど、人権保護団体が強く抗議するなかでの執行であった。

となると、それではあのアフガニスタンのタリバンと同じではないか、ということになる。

タリバンがワッハーブ派であるかどうかは別にして、両者の根本のところは同じであろう。そのタリバンは女性が教育を受けることも認めない。

サラフィストをめぐる構図

右のワッハーブ派に近い立場にサラフィズム（サラフ主義）がある。日本ではなじみが薄く、アラブ世界の専門家もこの言葉はあまり口にしない。代りに「イスラム原理主義」や「イスラム過激派」といった語が用いられるが、それでは彼らのよって立つ「主義」が見えてこない。チュニジアやフランスの新聞ではむしろサラフィズムあるいはサラフィストという語を、過激派武装勢力を意味する普通名詞として用いている。

サラフィズムのサラフとは、源流への立ち返りを意味するアラビア語である。それゆえサラフィストといえば、ムハンマド時代の社会に立ち返ることを祈念しつつイスラム信仰を行う人、ということになる。ムハンマドが生きた時代を理想の社会と見なし、当時の先人たちの伝統と習慣への回帰（サラフ）をサラフィストは希求する。そうすることによって、またそうすることによってのみ世界はいまよりもよくなり、人は救われると考える。したがってワッハーブ派と同様、コーランに書かれたことの総体を統合的（インテグラル）に実践すべきであり、またその基本（ファンダメンタル）に立ち戻るべきだと主張する。こうしてイスラムの根本にまでさかのぼって信仰を深め、実践しようとするスンナ派のムスリムがサラフィストである。

このサラフィストは二つのグループに分かれる。

まずは祈りによって源流への回帰が可能だとするイスラム教徒である。これは敬虔主義サラフィストとも呼ばれ、イスラムの世界ではもちろん尊敬される存在である。

次いでごく少数ながら、その回帰の実現にはどんな手段を用いてもよいとするサラフィストがいる。説得、説教、抗議の類はもちろん、暴力や武力の行使に訴えることも彼らは辞さない。すなわち聖戦主義サラフィスト、ジハード主義サラフィストがこれである。

この聖戦主義サラフィストはだれに対してジハードを挑むのであろうか。

一つはもちろん、反イスラム的な価値をばらまき、ムハンマド時代への回帰を妨害する西欧諸国に対して、である。と同時に、彼らの考えを受け入れようとしない大多数のイスラム教徒にも、彼らの戦いの矛先は向けられる。西側社会には恣意的につくり上げられたイスラムのイメージがあり、われわれもそれに影響されてすべてのムスリムを怖い人たち、すぐ暴力に訴える人たちと考えたりする。しかしそんな人間ばかりで成り立つ社会がこの世に存在するわけがなく、ほとんどのイスラム教徒はわれわれ日本人と同様、ごくごく平穏な生活を送ることを願っている。ということは、そうしたごくふつうのイスラム教徒こそが、聖戦主義サラフィストの最大の被害者としてあるということになる。

このサラフィストに関連してもう一度、サウジアラビアについて触れておこう。

周知のとおり、サウジアラビアは西側諸国と強い関係で結ばれている。産出する石油の売買をめぐり、お互いがお互いを必要とするからである。そのため西側諸国はスンナ派のサウジアラビアを擁護するのだが、それにはシーア派の「問題児」であるイランを牽制するという狙いもあるであろう。

ところで国家の方針としてワッハーブ主義が実践され、イスラム法であるシャリーアが厳格に適用されるサウジアラビアでは、ムハンマド時代の伝統や習慣に立ち返ることを国として希求している。そして他のイスラムの国もそこに住むイスラム教徒も、すべてがワッハーブ主義に改宗してくれるよう願っている。そのためサウジアラビアは石油で得た豊富な資金力を生かし、衛星テレビ（アル・アラビーア）を使って広くワッハーブ主義の宣伝を行うほか、説教師を雇って自国だけでなく他の諸国にも派遣し、ワッハーブ派の教義を説いてまわらせる。ワッハーブ主義の基礎にあるのはサラフ主義であり、こうしてテレビを見、説教を聞いた若いムスリムたちの間で、サラフィズムへの関心が高まっていくことになる。

つまりこのようにして、石油を必要とする西側諸国はサウジアラビアを擁護し、そのサウジアラビアは間接的にサラフィストをつくりだしていく。そうしてごく少数であるにせよ、このサラフィストの一部がやがて聖戦主義サラフィストへと変身し、その彼らが西側諸国や他のイスラム教徒を相手に戦いを挑むという、実に矛盾した構図ができ上がる。ここで「矛盾した」というのは、サウジアラビア自身、ジハード主義のサラフィストをつくり出すことなど、夢にも望んではいないだろうからである。

そして多くの日本人技術者が犠牲となった二〇一三年のアルジェリア人質事件の、犯人グループが右のような過程で生み出されたサラフィストたちであったとしたら、これはわれわれ日本人にとっても、かなり困った構図だといわなければならない。

イスラム霊廟の破壊

チュニジアにシディ・ブサイドという世界的に有名な観光名所がある。同名のイスラム聖人を祀った霊廟がここにあり、七世紀の建立になるというから、貴重な歴史文化遺産でもある。ムハンマド時代からの長い年月に敬虔なイスラム教徒や指導者が数多くあらわれ、シディという尊称を冠せられて信徒から尊敬を集めた。そうした聖人を称えて建立されたのがイスラム霊廟で、とくに北アフリカの地に数多く点在する。なかでも有名なのがマリのトンブクトゥにあるイスラム霊廟群で、これは世界遺産にも登録されている。

二〇一三年一月一四日、このシディ・ブサイドの霊廟が何者かによって破壊された。隣接するモスクが無人になる頃合いを見計らっての犯行で、火炎瓶が投げ込まれて炎上し、屋根さえ崩れ落ちるという大きな被害が生じた。「白と青の小さな楽園」と呼ばれる、チュニジア随一の観光地で起きた事件である。大勢のシディ・ブサイド市民が路上に出て抗議のデモを行い、不気味な犯行への怒りと恐怖を訴えた。新聞はこのニュースを大きく取り上げ、それまでのわずか八カ月間に、同様の被害にあった霊廟が実に三六カ所にも上ることを伝えた。

以後も不気味な事件はつづいた。シディ・ブサイド霊廟の破壊は月曜日の出来事であったが、同じ週の土曜日には隣町の閑静な住宅地、ラ・マルサにあるイスラム建造物に火炎瓶が投げ込まれた。同種の事件はなおもつづき、その一〇日後の一三日未明、チュニスから一四〇キロメートルほど南に位置するスース県アクダの、シディ・アーメッド・ウエルフェリの霊廟に火炎瓶が投げ込まれた。さらに同じ日の深夜、今度は南の砂漠地帯に近いケビリ県ドゥーズにある、シディ・アーメド・アル・グートの霊廟が標的とされた。

チュニジアに赴任してまだ間もないころ、私はこの種のニュースを一度か二度、新聞で読んだ記憶がある。しかしそのときはそれがどういう意味を持つのか、まったく分からなかった。イスラムの国にいるイスラム教徒がなぜイスラム聖人の霊廟を破壊するのか、というところが、まるで理解できなかったのである。それはシディ・ブサイドの事件を知ったときも同じであったが、前述したスース県アクダの霊廟が破壊された直後、チュニジア・スーフィー協会が抗議の声明文を出した。それがフランスの週刊誌『ル・ポワン』のインターネット・サイトに転載され、私はそれを読んではじめて、一連の霊廟破壊にサラフィストがかかわっていることを知ったのである。その声明の一部を掲げておこう。

この霊廟襲撃の背後に控えるのは、ワッハーブ派やサラフィズムを名乗ってサウジアラビアからやってきた過激派である。といって、これはほんのはじまりに過ぎない。そのうち彼らはカルタゴのローマ遺跡も、エル・ジェムやドゥッガの遺跡も破壊するにちがいない。そうして人びとに髭を生やせだのニカブ（＊筆者注　眼の部分にスリットが入った女性用の被り物）を着用しろだのと迫り、あげくはこの国を根底から変えてしまうつもりなのだ。ワッハーブ派のチュニジア人、ベン・アリ前大統領派の残党、そして金のためなら何でもやる輩によるこの襲撃行為を、外国にいるワッハーブ派の連中が資金的に支えているのである。

スーフィー教徒はイスラム聖人の霊廟を崇める。しかし人間を顕彰するこうした造営物を、断固としてサラフィストは認めない。崇めるべきは神のみで、したがって霊廟破壊は彼らが唱える正義に、まったく合致した行為としてある。

そしてチュニジアで起きたのとまったく同じ霊廟破壊が、アルジェリアの隣にあるマリ共和国でも起きた。一四世紀ごろの建造になる「三三三のイスラム聖廟」があるといわれる、あの有名な古都トンブクトゥでの事件である。二〇一二年四月、マリ北部の砂漠地帯を占拠したサラフィストの武装集団が、トンブクトゥにある泥と煉瓦でつくられた一四のイスラム聖人の墓所を、ブルドーザーを用いて破壊した。かつてタリバンがバーミヤンの仏教彫刻を破壊したときと同様の衝撃を、それは世界じゅうの人びとに与えた。多くの日本人技術者が犠牲になったイン・アメナス（アルジェリア）の人質殺害事件が起きたのはそのすぐあとで、マリ北部の闇経済を支配したサラフィスト・グループの首領、モフタール・ベルモフタールがその首謀者であった。

サラフィストに占拠されたマリ北部ではシャリーア（イスラム法）が適用され、窃盗犯の腕や脚を切り落とすといった刑罰が行われていると、以前からフランス国際ラジオなどが伝えていた。女性は髪をヴェールで被わなかったり、鮮やかな色の服を着たりすると鞭で打たれ、女の子は学校に通うことを禁じられた。音楽も禁止され、異を唱えた地元のイマームは、モスクでの説教を禁じられたという。チュニジアと同様、聖戦主義サラフィストの最大の犠牲者はいつもこのように、一般のイスラム教徒なのである。

アメリカ大使館の襲撃

サラフィストがチュニジア国内でかかわった事件には大小さまざまなものがあるが、とくに二〇一一年に起きたチュニスのアメリカ大使館襲撃事件は、チュニジア社会に大きな衝撃を与えた。

周知の通り、神や預言者の風刺はイスラム世界を強く刺激し、数々の事件のきっかけとなってきた。私がチュニジアに着任して約半年後、そうした事件の一つが起きた。

二〇一一年一〇月、チュニスの民放テレビ局「ネスマ」が、フランスとイランの合作になるカンヌ映画祭での受賞作品『ペルセポリス』を放映した。そこでは神が鬚を生やした人間の姿で描かれており、それを冒涜と見なしたサラフィストたちは激しく抗議し、同月の九日、デモ隊を組織してテレビ局に押しかけた。このときは警察が介入して事なきを得、またネスマ・テレビの社長も放映についての陳謝をした。しかし同じ週の金曜日、今度はチュニスにあるネスマの社長宅を一〇〇名ほどのサラフィストが襲い、家に火を放って全焼させた。この焼き打ちの暴挙に抗議して翌一五日、二〇〇〇人の芸術家や知識人が「我らに自由を与えよ」と書かれた横断幕を掲げ、チュニスのブルギバ通りをデモ行進した。民主化の重要な節目となる制憲議会選挙を、ほんの一週間先に控えてのことであった。

同じ二〇一一年に『イノセンス・オブ・ムスリム』という映画がアメリカでつくられ、その一部が翌二〇一二年の七月、ユーチューブで流された。預言者ムハンマドを冒涜した映画として、世界中でイスラム教徒がそれに抗議するデモを行った。チュニジアでの抗議デモは九月になってから激化し、とくに二日の水曜日、チュニス郊外にあるアメリカ大使館の周辺に多数のサラフィストが集結して抗議の声を挙げた。このときは警察隊が、空中に向けて催涙ガス弾を発射することでデモ隊を解散させた。しかし三日後の金曜日、昼の集団礼拝を終えたサラフィストが再びアメリカ大使館前に大挙して押し寄せた。やがてその一部が暴徒化し、大使館の塀を乗り越えて館内に侵入、星条旗を引き下ろして焼いたあと、自らの黒いサラフィスト旗を掲げた。直ちに大使館を防護する治安警察と軍の治安部隊が制圧に乗り出し、この日の衝突で四人が死亡、五〇人ほどの負傷者を数えた。

実はこの事件が起きる前の週から、日本大使館の領事部は邦人を対象に危険情報を出し、とくに事件のあった一四日はアメリカ大使館の周辺に立ち寄らないよう、前もって注意を促していた。大使館横のアメリカンスクールもデモを予測して当日の午後は休校の措置をとっていたが、サラフィストの襲撃を受けて多くのコンピュータ機器が略奪され、さらにその保管室に火が放たれた。そのため同校は一週間の閉鎖を余儀なくされている。

この日、大使館襲撃の首謀者アブー・アヤッドは混乱に紛れて逃走した。のちに警察は彼がチュニスのモスクに潜んでいることを突き止め、九月一七日に約一〇〇〇人の警官を動員して逮捕に乗り出した。しかしアヤッドはそれを上手く掻い潜り、現在も逃走中である。

アブー・アヤッドは筋金入りの聖戦主義サラフィストで、本名をサイフアッラー・ベンハシネという。彼はベン・アリ大統領の時代、アフガニスタンに渡って武装勢力に加わった。二〇〇三年にトルコの警察に逮捕されてチュニジアに強制送還されたあと、テロ防止法の適用を受けて六八年の懲役刑をいい渡された。しかし革命直後の二〇一一年三月、当時のムバッザア暫定大統領が発した恩赦令によって釈放され、そうして彼がまずやったのがアメリカ大使館の襲撃であった。のちにロイター電が伝えたところによれば、事件後にアブー・アヤッドは「アンサール・アル・シャリーア」（アンサールは防衛の意）という聖戦主義サラフィスト・グループのチュニジア支部をつくり、自らのネットサイトを通じてチュニジアの若者たちに向け、シリアでなく、母国チュニジアにおいてジハードの隊列に加わるよう呼びかけているという。

この大使館襲撃ではアメリカ国旗が焼かれたが、その外交的な責任を取り、内務・外務のいずれかの大臣が辞任するかと私は思ったが、そうならなかった。また後日、大使館襲撃にかかわったとされる一〇名ほどの容疑者が裁判にかけられたが、いずれも執行猶予付きの判決を受け、アメリカ大使を激怒させた。サラフィストと対峙する上で政権与党のイスラム派政党エンナハダ（再生《ルネサンス》）の限界のようなものが、国民の間で強く感じ取られはじめたのも、このころのことであった。

私は当初、革命後のチュニジアがうまく民主化への道を歩めば、いずれノーベル平和賞の候補にノミネートされるかもしれないと秘かに期待していた。そうした期待を見事に打ち砕いてくれたのが、サラフィストによるこのアメリカ大使館襲撃事件であった。

野党政治家の暗殺とその後

サラフィストは二〇一三年にも、チュニジアじゅうを恐怖に陥れる事件を起こしている。二人の野党指導者の暗殺がそれで、いずれもバイクに乗った二人組による犯行であった。そしてこの暗殺事件は先の大使館襲撃事件よりも、ずっと深刻な政治的危機をチュニジアに招いた。

二〇一三年二月六日の朝、野党・民主愛国党の党首ショクリ・ベライド氏が自宅を出て、車に乗り込んだところを何者かに射殺された。ベライド氏はベン・アリ大統領時代から左派の活動家として知られ、革命後は政権与党のイスラム派政党エンナハダを批判する急先鋒であった。

同氏は数週間前から脅迫の電話や手紙を受けており、内務省に警護の要請をしていた矢先の出来事であった。リビアに逃走したとされる二人の犯人は、エンナハダの親衛隊組織と噂された「革命目的防衛同盟」の、サラフィスト・メンバーであるというのが大方の見方であった。ベライド氏はこの革命目的防衛同盟の解散を、以前から与党エンナハダに強く要求していたところであった。

その日、事件のことが伝わると、チュニスをはじめとするチュニジアの各都市で、大規模な抗議デモが巻き起こった。人びとは事件の背後にエンナハダが控えていると叫び、内閣の総辞職を要求した。

ベライド氏は二日後の二月八日金曜日、国難の犠牲者として四万人の市民が見守るなか、チュニス駅に近い墓地に埋葬された。葬儀に合わせてチュニジア労働総同盟はゼネストを敢行し、全土で公共・民間のサービスはストップし、小学校から大学まで休校になった。同日、ジェバリ首相はテレビ演説で、事態の収拾を図るために内閣改造を行い、政党色の薄い実務家による内閣をつくると言明した。しかし所属するエンナハダの強硬な反対に会って断念を迫られ、二月一九日に自らが首相を辞任した。その後、マルズーキ大統領は内務大臣であったラライエド氏を首相候補に指名して組閣を指示し、二週間後に新しい内閣が発足した。ジェバリ氏も後継のラライエド氏もエンナハダの創立メンバーで、両者ともに革命までの約一五年間、刑務所に繋がれたままであった。

ベライド氏が暗殺された日の朝、私は何事もなく電車とバスを乗り継いで大学にきていた。その日は午後に日本語講座があり、部屋で配布テキストの準備をしていると、JICA事務所から緊急連絡のメールが届いた。大きなデモがあるのでチュニスのブルギバ通りに近づくなと記されたそのメールで、私ははじめて事件のことを知った。その凶行のニュースはたちまち世界じゅうを駆け巡り、さっそくグルノーブルに住む友人のオリヴィエがメールで、「第二のチュニジア革命かもしれない、今日は外に出るな」と書いてよこした。なるほど、外国にいる人たちからはチュニジアじゅうが混迷の限りを呈しているように見えたであろうが、郊外線の沿線やテクノポール周辺はいつもと変わらず、まったく平穏そのものであった。日本語講座の終了後、こういう事件があったので気をつけて帰るよう学生に注意を促し、受講生のアブデル君とエリアド駅まで歩いて帰った。途中、羊の大群と行きあわせるとアブデル君は急に思い出したかのように、「先生、生粋のチュニジア人は羊の肉しか食べないいんですよ」と、いとも愉快げな口調で私にいった。ふだんと変わりのない、ごく平和でのどかな風景がそこにあった。サラフィストがゲリラ的に巻き起こす喧騒とこの静謐とのギャップは、恐らくチュニジアの外にいる人たちには想像もつかないことであろう。

第二の暗殺事件が起きたのは二〇一三年七月二五日で、犠牲者は元「人民運動」党首の世俗派有力議員、ムハンマド・ブラヒミ氏であった。やはり自宅を出たところを射殺され、犯行の手口から同じ「革命目的防衛同盟」による凶行と見られている。

サラフィストの関わりが強く疑われたこの事件で、イスラム派政党エンナハダは苦境に追い込まれた。同時にラライエド内閣も、まったく機能不全の状態に陥ってしまった。代わりにだれかがリーダーシップをとり、局面の打開を図る必要があった。ここで登場したのが、チュニジア労働総同盟、チュニジア経営者連合、チュニジア人権擁護連盟、チュニジア弁護士協会の代表四者で構成される「カルテット」であった。それまでは大統領、首相、国会議長が「トロイカ」体制を組んでチュニジアを牽引してきたが、それに代ってカルテットが、まず現内閣のもとで新憲法を採択し、次いで新たに組織した実務者内閣のもとで総選挙を実施するという、いわゆる「ロードマップ」を提案したのである。これを最終的に政権与党のエンナハダは受け入れたが、同党が決断したこの政治的譲歩こそ、その後のチュニジアに明るい展望をもたらした大きな要因であったと私は見ている。ラライエド内閣は最後の仕事として新憲法の採択に必要な環境を整え、ついに二〇一四年一月二七日、あの画期的な民主憲法が制憲議会を通過することとなった。

その後、前内閣で産業大臣の任にあったジョマア氏が首相に就任して政党色の薄い実務者内閣を組織し、二〇一四年一〇月二六日、新憲法のもとではじめて議会選挙が実施された。次いで革命後はじめてとなる大統領選挙が行われ、その上位得票者二名による決選投票が一二月二一日に実施された。勝利したのは先の総選挙で議席第一党となった世俗派政党ニダー・トゥーヌス（チュニジアの呼び声）の党首、ベジ・カイド・エセブシ氏であった。

一二月三〇日に開かれた大統領就任式での挨拶で、エセブシ氏は幾人かのチュニジア人の名を読み上げた。そこには、焼身自殺をして革命のきっかけをつくったモハメッド・ブアジージ、二〇一二年に暴行を受け死亡したニダー・トゥーヌスの党事務職員ロトフィー・ナグドゥ(「革命目的防衛同盟」による犯行とされ、革命後の暗殺第一号といわれた)、そして暗殺された二人の野党政治家、ショクリ・ベライドとムハンマド・ビアヒリの名前があった。新大統領はそれら「大恩ある故人たち」に謝意を表明し、彼らのお陰でチュニジアは国家を混乱に陥れようとする勢力に打ち勝つことができたと、高らかに宣言した。

こうしてチュニジアは、いわばサラフストの禍をもって福となしたのである。

サラフィスト問題を乗り越えて

チュニジアにいるサラフィストはせいぜい数千人で、そのうちの八〇〇人ほどが活動家であるとされる。人口一千万の国にすればごく少数に留まるが、いわゆる獅子身中の虫で、時限爆弾を抱えているようでもある。実際、何かといえばすぐ問答無用の暴力に訴えるサラフィストたちに、それこそ革命後のチュニジアは引っかきまわされてきた。彼らが事件を起こすたびにそのニュースは世界を駆け巡り、この国を訪れようかという外国人の出鼻をくじいた。そしてチュニジアが一番の頼みとする観光経済に、大きな打撃を与えてきた。国そのものは総体としてまったく平穏なのに、サラフィストがばらまく暗くて危険なイメージが災いして、観光客のキャンセルが相次いだ。そうしてサラフィストは、チュニジア人から雇用の機会を奪ってきたのである。

それにしても彼らはいったい、何を目的に騒ぎを起こしているのであろうか。

チュニジアのサラフィストが発したあるメッセージによれば、西欧文化の影響を排し、シャリーア（イスラム法）を基盤に据えたカリフ国家（ムハンマドの後継者である教主が国王をも兼ねる国）をチュニジアに打ち建てることが目的だという。そしてそれを最終的に、旧オットマン帝国の版図にまで広げるのだという。そんなことが可能だと本気で考えているのかどうか、はなはだ疑わしいが、現にＩＳ（イスラム国）の幹部はことあるごとに、これと同様の主張を繰り返している。それなら、どこか無人の砂漠にでも行ってカリフ国家を打ち建てればよさそうに思うが、彼らはそうしない。皮肉なことにサラフィストたちは、彼らが敵視する西欧文化の影響や恩恵を排してしまうと、それこそ何もできなくなってしまうからである。

二〇一三年の一月末、チュニスにほど近いザグアンという町で、ある小さな事件があった。町の高等学校に掲げられていたチュニジア国旗が何者かに取り去られ、校舎の壁に犯人が書いたと思しき落書きが残されていた。そこにいわく、「国旗は西欧文化の模倣なり」と。ただそれだけの、ごく他愛のない事件であるが、このニュースを新聞で読んだ私は思ったものである。西欧文化がダメだといって国旗を排するなら、携帯電話もインターネットもフェイスブックも否定しなければならない。あるいは彼らが事を起こすに当って欠かせない自動車は、まさにアメリカ文化そのものではないか。武器弾薬しかりで、それらすべてを国旗と同様、全面否定してしまえば、サラフィストの活動そのものが成り立たなくなる。その辺りの論理矛盾を、この犯人はどう考えているのか、と。

不幸にも二〇一五年三月に、チュニスのバルドー博物館を訪れた地中海クルージングの観光客が銃撃にあい、日本人もその犠牲になった。恐らくこれも世界的ニュース・バリューをねらった、サラフィストたちによる一発勝負の犯行であろう。彼らをどう封じ込めるかはチュニジアの喫緊の課題であり、民主的な過程で国民の負託を得た新しい指導者たちは、断固とした姿勢で彼らに臨むことであろう。ただ、彼らには力だけに頼るのでなく、経済を安定させて雇用を確保し、あわせて地道な社会教育的な対話と説得がなされるのでなければならない。そうして稚拙すぎる彼らの論理の矛盾に気づかせ、元のふつうの社会生活の場に引き戻すことに力が注がれるのでなければならない。

それが可能かどうか、ここでチュニジアを、「アラブの春」が飛び火した国との比較において見ることにしよう。

まずはシリアであるが、チュニジアにはこの国のように、イスラムの二大宗派であるスンナ派とシーア派の対立がなかった。とくに一方の宗派が他の宗派を、政治と経済の両面において支配するという図式がもともと存在しなかった。それゆえ「アラブの春」を機に国民どうしが二手に分かれて武器を持ちあい、遺恨の戦いを演じることもなかった。思うにシリアのアサド大統領一人が早期に国外に脱出していたとしても、彼を支持するシーア派アラウイット派と、多数派であるスンナ派との衝突は依然としてつづいたはずである。そう考えるとチュニジアはまことに幸運であった。ベン・アリ大統領を追い出し、彼の一家とその妻のトラベルシ一家につながる経済マフィアと呼ばれた一群を一掃してしまえば、それで革命のとりあえずの目的は達成されてしまったからである。

そして隣国のリビアであるが、この国にはもともと地域の部族どうしの対立があり、しかもそれぞれが武器を所有した。カダフィ大佐自身、出身地の部族集団に保護されて最後の逃亡生活を送っている。政権崩壊後、各地に備蓄された大量の武器や弾薬、それにロケット弾までが各地の部族集団の手に渡り、ベンガジにあるアメリカ領事館が襲撃されアメリカ大使が死亡したのも、そうした構図においてであった。もちろんチュニジアにも部族があり長老がいる。たとえば産業に乏しい中部地方で、国営企業の職員採用にかかわる有利不利をめぐって、よく部族どうしが抗争を展開した。革命前のベン・アリ政権はそうした部族対立を、むしろ巧みに利用しさえした。しかし当の抗争そのものは重火器を用いない、多かれ少なかれ小競り合いの域を出るものでなかった。

最後にエジプトであるが、たしかにチュニジア革命後に政権与党となったイスラム派政党エンナハダは、この国のムスリム同胞団を手本にして結成された。しかしその党首はベン・アリ政権の時代、迫害を逃れてずっとイギリスに亡命中であった。主要な幹部も刑務所に繋がれたままで、つまりこの党はこれといった役割を、革命において果たすことができなかった。そのことがある種の遠慮というか、少なくとも慎重に事を運ぶ姿勢をエンナハダに取らせたのであろう。同党はムスリム同胞団のようなイスラム色の濃い政策を性急に打ち出すことはせず、またイスラム法を下敷きにした憲法をつくれと強引に迫ることもしなかった。そのため国を二分する争いをチュニジアは知らずにおれたし、またエジプトとちがって、国軍が政治的中立の立場を貫き通したことも幸いの一語に尽きた。

そうした情況のなか、二〇一三年に起きた二人の野党政治家暗殺が国民の間に危機感を募らせ、小異を捨てて大同に就く方向へとチュニジア社会全体を導いた。それが新憲法を生み、議会選挙への道を拓いたのである。たった二人の死がもたらしたこの成果は、日常的に数十の単位で人が命を落とすシリアやリビアとちがい、チュニジアでは死が極めて非日常的なものであることを如実に物語っている。それはまたチュニジアが、「アラブの春」を謳歌するための十分とはまだいえないが、少なくとも必要な条件を備えていることの証しとなろう。換言すれば、サラフィスト問題を乗り越えるための国民的合意が、すでにチュニジア社会に成立を見ていることの証しでもある。

いまチュニジア社会は新しい局面を迎えた。今後も幾多の困難に直面するであろうが、この国が将来、シリアやリビアのような混迷状態に陥る可能性はほとんど考えられない。少なくとも私は、そう堅く信じて疑わない。

あとがき

チュニジアは小さな国である。それも日本から見て地球の裏側にある。この国のことはほとんど話題とならず、ごくたまにニュースになっても、さほど芳しくない内容のものばかりであった。とくに革命後がそうであった。

たとえば二〇一二年の一月一四日、革命一周年を祝ってチュニジアじゅうがお祭り気分に浸った。老いも若きも赤いチュニジア国旗を手に街頭へと繰り出し、私もチュニスのブルギバ通りまで出かけて、大勢の人が通りを行き交う姿を間近から眺めた。小旗を持った小さな子どもを肩車する父親、扉を開け放った鳥かごを手にして歩く母親と、自由にものがいえるようになった社会の到来をみな、心から喜んでいるようであった。どの人の表情も底抜けに明るかった。

それが、である。日本のある新聞はネット配信のカイロ支局発ニュースとして、革命一周年のことを短く次のように伝えた。

首都チュニス中心部では数千人規模の市民が集まり、生活水準の向上などを求めて抗議の声を上げた。

読みようによっては、チュニスでまた大規模な反政府の抗議デモがあったと受け取れる。革命後のチュニジアはまだまだ混迷の渦中にある、とも。

この日、革命の犠牲者家族が十数名、補償を求めてチュニスで座り込みをしたというのは、私も人から聞いて知っていた。しかし大きな抗議デモがあったとは聞いていない。チュニスにいた私の知らないことを、どうして二千キロも離れたカイロ支局の特派員は知り得たのであろうか。まさに、ニュースはつくられる、である。

あるいは自殺の問題がある。チュニジアでは革命後の三年間に、貧困に苦しむ人たちの間で三〇人ほどの自殺者を数えた。このことも日本のネットサイトが暗いニュースとして取り上げ、革命後のチュニジア社会があたかも崩壊の危機に瀕しているかのような書き方をした。しかし考えてみれば、日本では年に三万人ほどの自殺者を数える。となると人口比からして、チュニジアには年に三千人の自殺者がいてよい計算になる。それが三百人でもなくて三十人、しかも三年間でこの数字なのである。右の報告をした人はチュニジアでなく、むしろ日本のことを心配すべきであった。

思うにマスコミにすれば、チュニジアが平和で安全な国だというのではニュースにならない。「アラブの春」が飛び火したシリアやリビアでは出口の見えない、あれほどの混乱がつづいている。そもそもの火元であるチュニジアも深刻な問題を抱えるのでなくては釣り合いが取れず、かくしてこの国の人からすれば大きなお世話としかいいようのない、暗い見方をしたニュースばかりが伝えられることになる。

チュニジアにいるときから私は思っていた。このままではいけない、この大らかな人と社会のことを、ありのまま伝えなくてはならない。それができるのは、革命から新憲法発布まで現地にいた私しかいないという自負心にも支えられ、ボランティアの任期を終え帰国したあと、三カ月ほどかけて本書の荒削りの草稿を書きあげた。と、そこへ塞ぎの虫が訪れ、私にこうささやいた。人口に膾炙しない国のことを書いたところで、本にしてくれる出版社はあるのか、と。容易に次の段階へは進めなかった。

で、草稿のことはひとまず忘れ、私は四国八十八カ所の歩き遍路に出ることにした。徳島県から高知県に入り、八丁坂と呼ばれる長い坂道を上って三五番札所の清瀧寺にお参りしたところで、用事があっていったん帰宅した。チュニスのバルドー博物館で日本人を含む外国人観光客が銃撃されたのはその三日後、二〇一五年三月一八日のことであった。またチュニジアにまつわる暗いニュースが日本じゅうを駆け巡った。そればかりか、サラフィストが起こしたこの事件を機に、何の関係もない日本在住のムスリムたちが誹謗と中傷を受けることともなった。

私は思いなおした。やはりこのままではいけない。やり残した仕事がある。それをなし遂げてはじめて、私のシニア海外ボランティアとしての活動が終るのだと、強く自分にいい聞かせた。計画していたお四国さん遍路のつづきは先延ばしにして、この大らかな国にテロは似合わないと心のなかで叫びつつ、草稿に手なおしを加える日がつづいた。そうして出来上がったのが、このささやかな書である。

思うに、私が応募したＪＩＣＡボランティアのチュニジア・ミッションは二〇一一年四月派遣（平成二二年度四次隊）のプログラムで、これは本来、その前の一月に起きた革命のためキャンセルされていたはずのものである。それがボルジュセドリア・テクノポールからの強い要請があって派遣時期が早められ、平成二二年度三次隊に編入された私は本書の冒頭でも述べたとおり、革命前夜のチュニジア赴任となった。仮にこの要請がなければ私はチュニジアを知ることなく、またＪＩＣＡボランティアとして海外に出ることもなかったであろう。そう考えると、私のチュニジア行きはまさに幸運の一語に尽きるものであった。

チュニジア滞在中、私の頭のなかには常にそのことがあった。与えられたこの稀有のチャンスを無駄にしてはならないと、そういう思いのなかで日々の活動をつづけた。いま振り返ってみて、そうした私をいろんな局面で支えてくれたのがＪＩＣＡチュニジア事務所のスタッフでありシニア・ボランティアの同僚であり、またとくに青年海外協力隊の若い隊員たちであった。どんな壁にぶち当たっても何とか創意工夫をめぐらし、最後は笑顔でそれを乗り越えてしまう彼らから、私は国際交流に関わる実に多くのことを学ばせていただいた。ここに記して、厚くお礼を申し上げたい。

末尾ながら、本書の出版を快く引き受けてくださった風媒社編集長の劉永昇氏に、衷心よりお礼を申しあげる次第である。

二〇一五年夏　葵咲く菫智俊の生地にて

守能信次

[著者略歴]
守能 信次（もりの・しんじ）
中京大学名誉教授、経済学博士
1944年　大阪府生まれ
1971年　東京大学大学院教育学研究科修士課程修了
1978年　ディジョン大学大学院経営経済研究科博士課程修了
2011年から2014年まで国際協力機構（JICA）のシニア海外ボランティアとしてチュニジアに滞在。現在はJICA中部コスモスクラブ会長として、ボランティア活動への協力と支援に携わっている。
[著書]『国際政治とスポーツ』（プレス・ギムナスチカ）、『スポーツとルールの社会学』（名古屋大学出版会）、『講座：スポーツの社会科学』（編著、全4巻、杏林書院）、『スポーツ六法』（編著、信山社）、『スポーツルールの論理』（大修館書店）ほか
[訳書]　アンドレフ&ニス『スポーツの経済学』（白水社）、パークハウス『スポーツマネジメント』（編訳、大修館書店）、ジュスラン『スポーツと遊戯の歴史』（駿河台出版社）、ベシュテル&カリエール『万国奇人博覧館』（筑摩書房 → ちくま文庫）

装幀／竹内　進（b flat）

「アラブの春」のチュニジアで　おおらかな人と社会

2015年11月21日　第1刷発行　　（定価はカバーに表示してあります）

著　者　　守能　信次
発行者　　山口　章

発行所　名古屋市中区上前津2-9-14　久野ビル
振替 00880-5-5616 電話 052-331-0008
http://www.fubaisha.com/
風媒社

＊印刷・製本／モリモト印刷　　乱丁本・落丁本はお取り替えいたします。
ISBN978-4-8331-1113-3